KB053550

성공한 사람들의 시간관리 **컨설팅**

지은이 **퀸튼 신들러**(Quinton Schindler)
독일계 부모 밑에서 태어나 뉴욕 주립대에서 사회학을 전공하여 박사학위를 받았다. 뉴욕 스토니 행동연구심리학 수석연구원이기도 한 그는 라디오, 텔레비전 출연과 기업의 워크샵 초청 연사로 활동하며 실력을 인정받았다. 저서로는《성공한 사람들의 시간관리 습관》등 다수 있다.

옮긴이 **김영선**
서울대문리대졸업.
인간계발연구소간사.
역서로는《이렇게 인생을 열어나가라》,《성공한 사람들의 시간관리 습관》외 다수.

성공한 사람들의 시간관리 **컨설팅**

1판 1쇄 인쇄	2011년 5월 2일
1판 1쇄 발행	2011년 5월 9일
발행처	도서출판 문장
발행인	김택원
	등록번호 제307-2007-47호
	등록일 1977년 10월 24일
	서울시 성북구 보문동 4가 78-1 평화빌딩 201호
	전화 02-929-9495
	팩스 02-929-9496
	E-Mail munjangb@naver.com
ISBN	978-89-7507-050-1 03320
값	13,000원

성공한 사람들의 시간관리 컨설팅

퀸튼 신들러 지음
김영선 옮김

도서출판 문장

시간관리에 관한 책이나 기사가 많이 나오게 된 것은 시간관리
에 대한 필요성이 높아진 때문이다. 그러나 대부분은 추상적인 규
칙이나 어떤 사람의 체험담 같은 것이 많았으며, 실제로 자기 일에
응용하려면 그렇게 간단치가 않다.

이 책은 그런 의미에서 아주 실무적인 것으로서 어떻게 하면 시
간을 효과 있게 활용할 수 있을 것인가를 구체적으로 기술했으며
특히 경영인과 전문직업인을 위한 것이 특징이다. 주임, 계장에서
부장, 경영자같이 윗자리에 있는 사람을 위해, 자기의 일을 잘 처리
하면서 시간활용을 도모할 수 있도록 기술한 것이 이 책의 특색인
것이다. 중소기업의 경영자에게는 자기 일의 조직까지도 검토해 볼
수 있는 기회를 주기도 한다.

본래 시간활용이 서툰 사람이라면 일을 추진하는 것도 서툰 사
람이기도 하다. 시간의 활용이라고 하면 이상하게도 시간 그 자체
의 활용에만 주의를 집중하고, 활용의 간단한 비결이나 묘책 같은
것은 없는가 하고 생각하기 쉬우나 시간활용의 근본은 일의 처리방
법, 계획서 작성, 조직 구성, 컨트롤 방법, 부하의 훈련, 일을 맡기
는 방법, 의사결정 방법 등에 있으며, 이런 것을 잘하면 결국 시간
의 절약, 즉 크게는 시간 활용에 이어지게 되는 것이다. **고작 눈앞**

의 1분 1초를 절약한다든가, 시간의 노예가 되지 않기 위해서는, 자기 일의 처리·진행 방법을 연구 개선해보는 것이 기본이 되는 것이다.

이 책에 소개된 방법이나 아이디어에는 미국적인 것이 있어, 번역에서는 가급적 원문에 충실한 한편 의역(意譯)도 시도하였다. 따라서 이런 것은 그 아이디어를 참고로 하여 자기 직장에 적합하도록 연구하기를 바란다. 아울러 외국의 아이디어나 방법에는 그 나라의 문화적 배경이 작용하고 있음을 고려해주기 바란다.

이 책은 비즈니스에 관한 것이 대부분이나 시간관리는 자신의 커다란 인생 설계와 실생활에도 필요한 것이라고 믿는다.

역자 씀

| 차 례 |

01

가치 있는 인생을 위한 시간관리

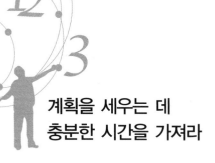

계획을 세우는 데
충분한 시간을 가져라

200년 전에 벤저민 프랭클린은 이렇게 서술했다.

"만일 인생에 있어서 최대의 사치, 다시 말해 충분한 시간을 갖는다는 사치, 즉 휴식하기 위해서, 숙고하기 위해서, 뭔가 이루기 위해서, 최선을 다하고 이룬 것을 알기 위해서 충분한 시간을 갖는다는 사치를 허용 받고 싶다면 그 방법은 단지 하나밖에 없다. 그것은 시간을 충분히 들여 생각하고 사물의 중요도에 따라 계획을 세우는 일이다. 그렇게 하면 생활은 새로운 활력이 넘치고 보다 많은 시간과 삶의 보람이 인생에 더해지게 될 것이다. 당신이 하고 싶은 모든 것에 계획을 세워라, 해야 할 모든 것에 시간을 부여하라."

벤저민 프랭클린 시대 사람들은 시간이 부족하다는 등의 불평을 하지 않았으리라 생각된다. 그러나 현명한 프랭클린은 인간의 고뇌에 이미 답을 준비하고 있었던 것이다. '시간을 충분히 들여 생각하고 사물의 중요도에 따라 계획을 세우는 것'이라는 프랭클린의 말은 오늘날에도 핵심을 파악한 답이라고 성공인들은 인정하고 있다. 사물의 계획을 세운다는 것은 고속도로에 들어서기 전 진입허가인 청색신호를 기다리고 있는 것과 마찬가지로 중요하다.[•] 처음에는 좀 시간이 걸리는구나 하고 생각하지만 나중에는 고속도로에서의 운행지체를 최소한으로 줄이는 데 도움이 된다.

성공에 이르는 최단거리

성공하기 위해서는 다음 룰을 순서대로 지키는 것이 필요하다.

가치를 정한다.
자신의 인생에 있어서 의미가 있는 것은 무엇인가? 건강인가, 가족인가, 금전적인 안정인가, 정신적인 안정인가? 이런 것을 종이에 쓴다.

우선순위를 정한다.
자신의 인생에 있어 가치 있는 것의 우선순위를 정한다. 자신이 써 놓은 가치 중에서 가장 우선순위가 높은 것은 무엇인가? 자신의 자유시간의 대부분을 무엇을 생각하고 계획하고 실행하기 위해 사용할 것인가?
그 내용은 차치하고, 자신의 자유시간을 가장 많이 쓰고 있는 것이 자신에게는 가장 중요한 가치 있는 것이 되며 다른 모든 가치를

● [역주] 캘리포니아 주의 고속도로에서는 진입로에 신호등을 설치해서 차의 유입을 규제하여 도로의 지체를 방지하고 있다. 이렇게 해서 차량소통을 촉진시키고 있다.

처리해가는 데 매우 큰 영향을 주게 된다. 이 단계에서 정직하게 잘 생각해보고 마음에 들지 않는 경우에는 우선순위를 바꿔 봐도 물론 좋겠지만 자신의 관심의 대부분을 자신에게 있어 가치가 낮은 것에 할당하게 되면 자신이 추구하려고 하는 진짜 가치는 어딘가에 잃어 버리고 말 것이라는 걸 잊어서는 안 된다.

도표화한다.

도표를 작성하고 자신에게 가장 중요한 가치를 가장 위쪽에 쓴 다. 다음으로 그 밖의 중요한 가치를 우선순위에 따라 리스트에 올 린다.

목표를 정한다

각각의 가치에 관해 장기목표를 정한다.

먼저 최우선 순위의 가치를 비롯하여 그 목표를 정한다. 그 후 다른 가치에 대해서도 똑같이 한다. 이 경우 목표는 가치에 대해서 항상 대응관계에 있는 것이 중요하다. 예를 들면 자신이 가치 있게 생각하고 있는 가족관계가 손상될 것 같은 상황에서 달성될 목표를 설정해서는 안 되는 것이다. 자신의 결혼을 매우 가치 있는 것이라 생각하면 결혼생활이 손상될 것 같은 일은 전부 거부한다. 설령 그 것이 자신에게 중요한 일이라고 하더라도 사절한다. 그런데 자신의 일도 중요한 가치가 있으며 회사 사장도 되기를 원하고 있다 하자. 그러면 사장이 되기 위해서는 결혼생활에 긴장감을 초래하는 어떤 종류의 희생을 강요당하게 된다. 장기간 아내와 떨어져 먼 외국에서의 생활을 부득이 하게 되기도 한다. 만일 아내도 남편의 일에 같은 가치를 인정한다면 두 사람이 해결책을 찾을 수 있을지 모른다. 그러나 쌍방에게 있어 만족할 만한 해결책을 발견할 수 없게 되면 사장이 되려는 목표를 추구하고 있는 경우에는 자신의 일에 대해서보다도 결혼에 관해서 낮은 가치를 인정하고 있다는 것이 될 것이다. 따라서 목표는 구체적인 동시에 도표화할 수 있는 것인가를 잘 확인하기 바란다.

인생의 항로를 항해해 감에 따라 목표는 물론 가치의 우선순위조차도 변화해 갈 것이다. 이것은 극히 자연스런 일이다. 이것은 자신이 성장하고 있으며, 정지해 있지 않으며, 경직화되어 있지 않다는 것을 나타내는 건전한 징후인 것이다. 적어도 일 년에 하루, 자신에게 가치 있는 것, 즉 목표를 재검토해보기 바란다.

스텝을 정한다

각자의 장기목표에 대해 그 실현에 접근하기 위해 필요한 스텝을 설정하지 않으면 안 된다. 그럴 경우 목표 달성에 필요한 스텝을 전부 예측해서 다 적을 수는 없을지 모른다. 그러나 가능한 한 다수를 리스트로 작성해 본다. 이 경우 최초의 스텝 완료일을 정한다. 그리고 그 후에 밟을 스텝 완료일도 가능한 한 기술하도록 한다.

예를 들면 '좋은 가정을 꾸민다' 라는 가치 항목하에 가족과의 단합을 현재보다도 강화하겠다는 목표를 정한다고 하자. 현재 가족 모누가 따로따로 급하게 식사를 하고 있어 가족이 함께 식사를 하는 일은 좀처럼 없는 상태라 하자. 적어도 하루 한 번은 가족이 함께 식탁에 앉도록 계획을 세울 것을 스텝으로서 생각해 볼 수 있는 것이다.

그리고 예를 들면 '정신적 가치'라는 항목에서는 자신과 가족의 목표가 신의 축복을 느끼고, 그것에 감사한다는 것에 있다고 한다면 이 목표에서는 가족과 함께 식사 전에 식사기도를 하는 것도 하나의 스텝이 될 수 있을 것이다. 그리고 이 경우에는 각각의 가치항목을 달성하는 데 필요한 스텝을 연결시키는 기회도 될 것이다. 이런 스텝을 서로 연결시키는 기회는 이 밖에도 많이 있을 것이다.

[도표 1-1] 목표

가장 중요한 가치 항목 : 금전적인 안정

목표 : 월수입의 1/5 상당을 저축한다.

스텝 : 1. 현재의 예산을 검토하고 경비를 절감한다.
(시작 : 0월 0일 - 완료 : 0월 0일)
2. 매월 ＿＿＿원을 예금한다. (시작 : 0월 0일 - 완료 : 0월 0일)
3. 장기로 고리(高利)의 공사채를 구입한다.
(시작 : 0월 0일 - 완료 : 0월 0일)

가치항목 : 업무
목표 : 회사 사장이 된다.
스텝1 : 고급 경영교육 코스를 수강한다 - 봄학기부터 시작

가치항목 : 가정
목표 : 가족과 함께 있는 시간을 늘린다.
스텝1 : 0월 0일에 가족과의 외출을 계획한다.

스텝이 완료되면 완료 표시를 하고 다음 스텝으로 옮긴다. 예상하기 힘들 경우에는 완료일을 정하고 그것에 따라 행동한다. 이 경우에는 새로운 스텝을 정하거나 또는 상황에 맞춰 이미 정한 스텝을 변경한다. 목표에 도달되면 그 가치항목에 속하는 새로운 목표를 설정한다.

이렇게 도표가 완성되며 [도표 1-1]에서 예시하고 있는 가치항목의 목표와 스텝을 나타내는 대형 차트를 만들어 본다. 가치항목에 목표와 스텝을 기록한 이 차트가 완성되면 자신의 서재나 작업실 벽에 붙여 두고 보면 좋다. 이 차트를 때때로 보면 자신의 목표 코스에서 빗나가지 않게 되며 스텝에 완료의 표시를 할 때마다 달성의 기쁨을 맛볼 수 있다.

사람에 따라서는 개인의 가치와 이것에 관계하는 목표와 스텝을 따로따로 소형의 카드에 기록하는 사람도 있다. 대형차트의 좋은 점은 자주 바라볼 수 있다는 데 있다. 소형카드를 사용하는 경우에는 일주일에 한 번은 꺼내 읽어보도록 한다. 자신의 목표를 정기적으로 읽도록 하면 잠재의식 속에 목표가 뿌리를 내려 목표달성에 성공하도록 자신을 프로그램화하게 된다.

언제 발을 디디고 언제 쉴 것인가

자신이 작성한 차트는 어쩌면 터무니없이 굉장한 것, 자신의 생애에서는 달성 불가능한 것으로 보일지도 모른다. 그럴 경우 뭔가 자신이 거대한 문어가 된 듯이 느껴지는 것은 아닐까? 거대한 문어에게는 강력한 발이 8개 있고 그 발에는 각각 2개씩 흡착반이 붙어 있다. 문어는 대개 울퉁불퉁한 바위와 고난의 장소에서 살고 있는데 자신이 이 거대한 문어로, 여러 바위에 발을 뻗고 달라붙어 있다고 생각하기 바란다. 바위는 이 경우 자신의 생애에서 경계와 시간을 필요로 하는 것이 된다. 이렇게 되면 왠지 자신의 발을 바위에서 뗄 능력을 잃어버리게 된다. 발을 잡아당기면 당길수록 발은 바위에 달라붙어 떨어지지 않는다. 흡착도가 높으면 높을수록 자신은 바위에 들러붙게 될 것이다.

이 경우 무엇이 필요한 것일까? 그것은 바위가 아니다. 중요한 것은 자신의 발을 어딘가에 디딜 경우, 자신이 발을 디디고 싶은 장소에 틀림없이 발을 디딘다는 것이다. 그리고 발을 떼고 싶을 때는 틀림없이 뗄 수 있도록 하는 것이다. 문어는 이동할 때 2개의 발밖에 사용하지 않는다. 그리고 교대로 발을 디뎌 떼는 동작을 취한다. 나머지 6개의 발은 촉각처럼 자유롭게 움직이게 한다. 때에 따라 멈추고, 자신의 몸에 발을 전부 감아 자신을 방어하기도 한다.

큰 차트에 기록한 것은 통상 자신의 생애에서 달성할 수 있는 것으로 언제 발을 디디며, 언제 떼며, 자신의 길을 찾을 때를 알며 쉴 때를 알고 있으면, 반드시 자신이 계획한 이상의 것을 달성할 수 있을 것이다.

02

8시부터 5시까지의 시간관리

　시간을 잘 활용하거나 능률적으로 일을 하도록 하기 위해 뭔가 변화를 일으킬 경우 거기에는 촉매가 필요하다. 이 촉매는 변화를 일으키게 하는 약으로서, 필요한 변화가 잘 일어나도록 거기에 주입하는 무엇 또는 누군가인 것이다.

　시간을 더욱 현명하게 활용하려고 자신의 시간사용법에 변화를 주려는 경우 그 희망하는 변화를 초래할 촉매역할을 다하는 것은 자기 자신이다. 자신의 팀에 더 잘 시간을 활용해주고 싶다고 생각할 경우, 필요한 변화를 일으키는 촉매역할을 하기 위해서는 스스로 의도적으로 그 현장에 참가할 필요가 있다. 자신의 상사가 시간을 더 잘 활용할 수 있을 것이라 확신하고 있는 경우, 필요한 변화를 일으키도록 상사가 촉매역할을 하도록 만들지 않으면 안 된다. 자신이 변화를 일으키는 유인제 역할을 다할 결심이 서지 않으면 변화는 쉽사리 일어나지 않는다.

　이런 작용의 중요한 촉매작용을 자신이 하려고 할 경우에는 자신을 잘 숙지하는 것이 중요하다. 요리사는 약초류와 후추를 사용해서 수프의 맛을 낸다. 약초류와 후추를 적절히 배합하여 적당한 양을 적절한 시기에 사용하면, 그 결과 멋진 향기를 가진 맛을 내게 된다. 그러나 요리사가 약초와 후추가 수프에 어떤 영향을 주는가를 알지 못하고, 또 이것을 단지 집어넣는 것만으로는 수프의 맛이 정말 맛있게 될지 어떨지는 의심스럽다. 마찬가지로 시간의 사용법에 변화를 일으키려고 하고, 자신의 일과 상사의 직장, 혹은 자신이 조직에 들어갈 때는 자신을 잘 알고 있지 않으면 안 된다.

 ## 자기 자신을 정확히 알라

자문자답의 질문을 몇 가지 소개한다. 이 질문에 솔직하게 대답하면 시간을 잘 활용하기 위해 명심해 두어야 할 사고방법과 직업상의 습관을 알게 될 것이다. 이 질문에 정답이라든가 틀린 답이라는 것은 없다. 자신의 좋은 습관, 나쁜 습관을 분석하는 데 도움이 되도록 하였다.

A. 체제는 잡혀 있는가?
① 책상 위는 정리되어 있는가? 정확히 있어야 할 곳에 사물이 놓여 있는가?
② 장래의 계획을 세우고 있는가?
③ 리스트를 언제나 작성하는가?
④ 리스트 작성에 어느 정도의 시간을 투자하고 있는가? 생각해 둘 필요가 있는 것, 시산을 시켜야 할 것만을 리스트에 올리고 있는가? 실행할 시간이 없는데 일부러 리스트에 올리고

있지 않은가? 리스트를 전연 작성하지 않고 기억에 의지하며 그 때문에 머릿속이 혼란하여 기억을 되살리는 데 시간을 낭비하고 있는 것은 아닌가?

⑤ 자신의 일에 우선순위를 정해 실행하고 있는가?

⑥ 적극적인 관심을 갖고 있는 것이 많은가, 그렇지 않으면 뭔가 중요한 사항에 한정해서 노력을 집중하는가?

⑦ 전부, 뭔가 목적을 가지고 일에 임하도록 하고 있는가?

⑧ '노'라는 말을 쓴 적이 있는가?

B. 자신의 버릇은 어떤가?

① 언제나 불평을 하는 타입인가?

② 오늘도 열심히 해보자는 의지를 가지고 매일 시작하는가?

③ 시간을 정확히 지키는가, 조금 미리 시작하려고 노력을 하는가?

④ 현상을 습관적으로 지키려 하는 편인가, 뭔가 보다 더 좋은 방법은 없을까 하고 찾는 편인가?

⑤ 우물쭈물 시간을 보내는 일이 있는가?

⑥ 일을 남에게 양도하거나 위탁하는가?

C. 자신은 어떤 성격인가?

① 자신은 비관주의자인가? 낙관주의자인가?

② 남들과 함께 일하는 것을 좋아하는가? 그렇지 않으면 자기 혼자 하는 편을 좋아하는가?

③ 자기 자신과 자기의 포지션을 상사의 눈으로 볼 수 있는가, 또는 부하의 눈으로 볼 수 있는가?

④ 완벽주의자인가, 작은 글자까지 눈에 들어오는가?

⑤ 노심초사하는가?

⑥ 결정을 연기한 적이 있는가?

⑦ 자신의 리듬을 알고 있는가, 자신의 기분이 주기적으로 상향할 때와 하향하게 되는 때를 알고 있는가?

⑧ 즉시 시작하는 편인가, 좀처럼 시동이 걸리지 않는 편인가, 자신의 가장 창조적인 시간은 하루 중 언제인지 알고 있는가?

⑨ 자신의 시간 사용법을 변화시키려고 하는 동기가 있는가?

 ## 자신의 목적을 의식하라

자신의 회사조직도, 또는 자신의 부서조직도를 꺼내보기 바란다. 조직도가 없으면 미완성품이라도 좋으니 즉시 그려 봐 주기 바란다.

회사의 조직도 또는 자신의 부서조직도의 가장 위쪽에 그 조직의 본래 존재목적을 써 주기 바란다. 목적을 잃은 듯한 관료적 조직으로 일하고 있지 않는 한 조직의 본래 목적은 간단하게 적을 수 있을 것이다. 독자와 여러 사람들이 고용되어 있는 것은 그 조직의 본래 목적을 달성하기 위해서이고 물건을 판다든가 서비스를 한다든가 계획을 관리하기 위해서일 것이다.

조직 본래의 목적에서 회장과 사장에게로 우선 선이 내려오고 그것이 사업 부문의 팀장에게 내려온다. 그리고 그 선은 조직 중 여러 단계를 거쳐 조직도의 가장 하위에 있는 여러 직능에 배속되어 있는 관리직이라든가 그 보좌계, 일반 사원에까지 미치게 된다. 이 미로 같은 조직도의 어딘가에 자신의 이름이 얼굴을 내밀게 되는데, 그 이름을 발견할 수 있게 되면 그 위에 손가락을 놓고 거기의 가장 아래에 기재되어 있는 사람의 일에 대해 생각해 봐 주기 바란다.

만일 그 사람의 직무가 서류 정리였다 하자. 서류 정리의 주요목표 또는 목적은 무엇일까? 서류를 정리하는 일일까? 그렇지 않다. 서류를 정리하는 것은 그 포지션의 기능이고 서류 정리 부서를 고용하고 있는 이유로서는 부차적인 것이다. 조직은 서류를 정리하기 위해서 존재하고 있는 것이 아니고 조직도의 가장 위쪽에 씌어 있는 조직의 주목적을 위해서 존재하고 있는 것이며, 조직 목표가 없다면 조직도 존재하고 있지 않을 것이며 서류 정리 부서도 없게 된다. 따라서 조직의 주목표는 서류 정리 부서의 주목표이기도 하고 톱 매니지먼트와 서류 정리 부서가 매일 실제로 행하고 있는 것과는 관계가 없다.

이것을 염두에 두고 자신의 위치에 따라 생각해보기 바란다. 독자의 주요목적도 조직 또는 사업부문의 목표를 달성하는 데 있는 것이다. 조직 또는 사업부문의 목표달성에 공헌도가 높으면 높은 만큼 독자의 가치는 높다는 것이 된다. 독자의 업무가 어떤 세일즈맨, 또는 부장, 또는 업무를 관리 감독한다 할 경우라도 그것은 독자의 업무의 주목적이 아닌 것이다. 자신의 능력은 업무의 주목적에서 본다면 부차적인 것이라는 사고방식을 가져주기 바란다. 이렇게 되면 독자의 승진 속도는 몇 년 정도 단축될 것이다.

조직도를 보면 총체적·전체적인 입장에서 자신의 업무(부차적 목적)가 무엇인지를 알게 된다. 어떤 대규모 학교 내의 구매과장으로 임명되었다고 가정해보자. 임명된 첫날, 자신의 책임 내용에 관해 일반적인 것밖에 몰라서 더 구체적으로 책임의 내용을 알고 싶다고 생각한다. 그래서 구매과에 속한 업무부의 조직도를 보게 된다. [도표 2-1]에 나타난 대로인데 이 조직도에서 다음의 것을 알 수 있다.

① 자신의 일의 주요목적 – 질 높은 교육을 행한다.
② 자신의 책임 범위 – 구매.
③ 자신의 직속 상사 – 업무부 차장.
④ 자신의 부하 – 발주서류 작성의 오퍼레이터, 구매계원, 비서, 구매사무원, 창고계원.
⑤ 타부서와의 협력관계 – 점선으로 나타낸 것. 학교 및 교직원, 학교의 타부서 및 그 스텝.

이로써 자신의 업무 범위를 알았으므로 구매과장의 의자에 앉아 그 학교 내의 학생들에게 질 높은 교육을 행한다는 주요 목적에 관하여 잘 고찰하게 된다. 또한 누군가가 업무기술서를 줄 것이므로 이것도 대략 훑어보게 되는데 이렇게 적혀 있을 것이다. '일반적인 관리, 감독을 통하여 해당학교 구내의 구매업무 및 창고업무를 효율적으로 운영할 것. 부하의 교육훈련을 행하고 이미 지시된 그 밖의 업무를 행할 것.'이 외에 구체적으로 업무내용을 기술한 업무 예가 많이 기재되어 있을 것이다.

업무기술서에 기재되어 있는 업무를 자신과 자신의 부하가 실행하면 학생을 위해서 질 높은 교육을 행한다고 하는 학교의 주요목적에 자신이 공헌하고 있는 것이라고 생각하게 되지만 실은 중요한 점이 더 있다.

즉 이 부서에 임명될 때에는 업무부장이 학교의 주목표를 달성하는 데 구매부의 역할에, 특히 자신이 가지고 있는 아이디어에 관심을 가지고 있었다는 것을 알게 된다.

결국 이 혁신적인 아이디어 덕분에 다른 후보자를 제치고 임명되었다는 것인데 이것은 조직도에도 업무기술서에도 한 마디도 적혀 있지 않다. 그러나 구매과장으로서 성공하려면 혁신적인 아이디어가 판가름하게 된다.

성공하는 것은 쉽지 않다. 조직의 리더십 구조(조직도)와 잘 대응하고 직무명세서를 지키고 서류에 적혀 있는 방침 또는 불문율의 방침을 지킨다. 그리고 자신의 혁신적인 아이디어도 작동시킨다. 이런 것을 틀림없이 해나가려면 매우 기민한 행동이 요구된다. 그러나 시간을 요하는 문제에 자신이 얽매이지 않기 위해서는 이런 것을 잘 처리하는 방법을 체득해야 하며 그렇지 않으면 조직의 주목적 달성에 아무런 공헌도 할 수 없게 된다.

[도표 2-1] 조직표

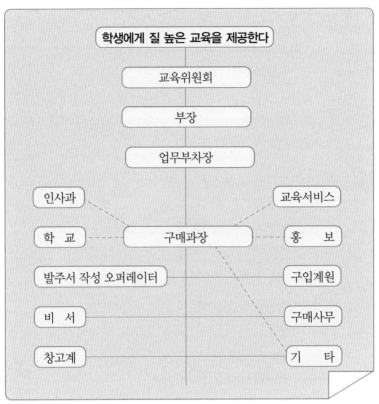

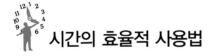 시간의 효율적 사용법

경영간부로서의 가치는 결과에 의해 측정된다. 조직의 주목표를 달성하는 데는 경영간부가 어느 정도 효율석으로 행동했는가, 자신의 기능을 어느 정도 능률적으로 달성했는가라는 것을 비교해서 생

각해 볼 필요가 있다. 즉 능률이란 일을 바르게 하는 것이다.

경영학 책을 여러 권 저술한 피터 드러커는 ≪경영자≫라는 저서에서 훌륭한 경영간부는 자신의 시간을 어디에 사용할 것인가를 먼저 조사하는 일부터 시작한다고 서술하고 있다.

이 조사를 하는 데는 일주일에 걸쳐 자신의 시간을 매일 기록하고 분석해 볼 필요가 있다([도표 2-2] 참조). 보통상태의 주를 선택해서, 다시 말해 어떤 행사라든가 사정으로 인한 수일간의 휴가 등 특이한 사항이 예정되어 있는 주를 선택하지 않도록 하는 것이다.

1. 우선 날짜를 상단에 기입한다.
2. 하루 중 15분 간격으로 무엇을 하고 있는지 각각 기입한다(이 작업은 시간이 걸리지만 나중에 분석하면 장래에 훨씬 시간이 절약되며 생산적으로 시간을 쓰는 데 도움이 될 것이다).
3. 그날 마지막으로 다음의 체크리스트를 대조해서 주의깊게 다음 세 항목에 체크 마크를 기입한다.
   ① 바른 시간에 바른 일을 할 경우
   ② 바른 일을 했지만 실행한 시간이 틀린 경우(그날 중 좀 나중에 했다면 더 편했을 것 같은 일)
   ③ 잘못 일을 실시한 경우(하지 않아도 될 일을 실시했거나 적어도 자신이 하지 않아도 좋은 일을 한 경우)

이런 자신의 기록을 일주일에 걸쳐 주의깊게 분석해보면 자신이 어떻게 시간을 사용하고 있는지 잘 알게 된다. 생산적이어야 할 경영간부의 시간을 업무시간을 통해 15분 간격으로 연필을 깎는다든가, 덧셈을 한다든가, 대수롭지 않은 일을 구술 기록을 시킨다든가, 커피를 마신다든가, 사전 계획이 불충분했기 때문에 다시 고친다든가, 여러 비생산적인 일에 사용한 것을 알게 될 것이다.

[도표 2-2] 시간분석표

시간분석의 기록					날짜	년 월 일		
시간	자신이 한 일	1	2	3	시간	자신이 한 일	1	2	3
7:00					2:30			
7:15					2:45			
7:30					3:00			
7:45					3:15			
8:00					3:30			
8:15					3:45			
8:30					4:00			
8:45					4:15			
9:00					4:30			
9:15					4:45			
9:30					5:00			
9:45					5:15			
10:00					5:30			
10:15					5:45			
10:30					6:00			
10:45					6:15			
11:00					6:30			
11:15					6:45			
11:30					7:00			
11:45					7:15			
12:00					7:30			
12:15					7:45			
12:30					8:00			
12:45					8:15			
1:00					8:30			
1:15					8:45			
1:30					9:00			
1:45					9:15			
2:00					9:30			
2:15					9:45			

이 도표를 보고 앞에서 말한 문어 이야기는 아니지만 자신의 발을 몇 개 바위에서 떼어 부하에게 위임한다든가 쓰레기통에 버리도록 한다. 일을 적절히 잘 위임한다는 것은 시간활용의 중요한 방법이며 이것은 제9장에서 설명한다.

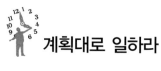

계획대로 일하라

시간을 잘 활용하기를 원하는 경영간부라면 일을 계획하고, 계획에 따라 매일 업무를 수행해 나가야 한다. 업무계획을 머릿속으로 생각하는 것만으로는 안 되며 계획을 종이에 적어봐야 한다. 종이에 적음으로써 자신의 목표를 잃지 않게 되며 자신의 눈앞에 매일 출현하는 중요도가 낮은 것에 주의를 빼앗기지 않게 될 것이다.

[도표 2-3]은 매일 업무를 계획하기 위해서 사용할 수 있는 것의 예이다. 어떤 형식의 것을 사용할 경우라도 책상 위에 황백색의 서류가 많이 놓여 있는 경우 일일계획표는 이 황백색의 서류와 바로 구별할 수 있게 청색이나 다른 색을 사용해야 한다. 일일계획표는 그 날이 끝났다고 해서 버리지 말고 철해서 보관해둔다. 이 표는 반복적인 일의 스케줄을 후일 재작성하는 데 도움이 될 것이다.

[도표 2-3] 일일계획표

| 오늘의 예정 | | | 날짜 _____ | | |

전 화

사 람	용 건	우선도

해야 할 일

업 무	우선도

약속

시 각	이름 및 장소	시 간

수반해야 할 일

일일계획표 활용법

1. 우선순위를 나타내는 시스템을 만든다.

   우선도 A = 당일 중 반드시 실시할 것

   우선도 B = 당일 중에 해야 할 것

   우선도 C = 실시를 연기해도 괜찮은 것

   우선도 D = 누군가에게 맡겨도 좋은 것

2. 해야 할 일 난에는 오늘 처리할 업무작업의 목표를 기입한다. 각각 우선도를 정하여 A · B · C 순의 기호를 기입한다. 그 목표를 누군가에게 맡길 수 있는 것이라면 A/D · B/D · C/D의 어느 것이든 기입한다. 그리고 업무를 수행하고 있는 도중에 불확실한 점을 규명하고자 전화할 필요가 있을 경우에는 전화를 걸며, 전화 난에는 기입하지 않는다. 가능하면 업무를 계획하기 전에 필요한 전화를 전부 끝내고(이 전화를 걸 일은 전화 난에 기입한다), 불확실한 점은 규명해 두는 편이 좋다. 전화를 거는 일로 그 업무 수행에 대한 의사집중이 중단되면 귀중한 시간이 낭비되는 것이다.

3. 전화 난에는 그날 전화할 예정인 상대 및 항목을 기입한다. 이 경우에도 우선도를 기입한다.

4. 약속 난에는 시간, 면회자명, 장소(자신의 사무실, 면담자의 사

무실, 또는 다른 장소, 기타)를 기입한다. 시간 난에는 이 면회에 필요하다고 생각되는 최대 시간을 기입한다. 이 예정시간이 종료되기 1, 2분 전에 면담이 완결되도록 이야기를 매듭 짓는다. 언제나 예정대로 되는 것은 아니지만 목표시간을 정해두면 불필요하게 면담을 질질 끌게 되는 일이 없게 되며, 예정시간을 지키는 것이 훨씬 용이하게 된다.

5. 약속은 미리 예정에 넣은 것이므로 지키는 것이 당연하다. 그러나 해야 할 일 난과 전화 난에 기입한 우선순위 A는 우선순위 B를 실시하기 전에 완료해야 하며, 또한 우선도 C를 실시하기 전에 우선도 B를 완료해야 한다.

6. 예정 외의 사항을 처리하기 위해서 매일 한 시간 정도 자유로운 시간을 둔다. 이 자유시간을 사용하지 않고 끝날 경우에는 밀린 일을 하는 데 사용한다.

스케줄을 잘 활용할 수 없는 이유

해야 할 일 난에 매일 기재한 것을 전부 완료하는 것은 거의 불가능하다고 생각하는 사람이 있을 것이다. 중요한 것은, 독자가 달성하고 있는 것은 우선도가 가장 높은 일이라는 것이다. 리스트에 기재한 것을 전부 달성할 수 없는 원인에는 다음과 같은 것이 있다.

1. 너무 많은 일을 하려고 생각하는지도 모른다.
2. 리스트에 올린 것 중에는 실시한 준비가 되어 있지 않거나,

목표가 명확하게 설정되어 있지 않은 경우가 있어 그 결과 업무내용을 자세히 분석하지 않은 채 어정쩡한 태도로 일에 몰두해 있다는 것이 된다.

3. 일의 우선순위에 주의를 기울이지 않고 있는지도 모른다. 찰스 슈압은 무명의 베슬레헴 제강회사를 5년 동안에 독립업체로는 최대의 제강회사로 올라서게 했다. 그 주된 이유는 아이비 리라고 하는 능률 전문가의 조언을 따른 데 있다. 리는 슈압 씨에게 단순한 일은 반드시 매일 실시하고, 슈압 씨의 스텝에게도 같은 일을 하도록 조언했다. 반드시 매일 하는 단순한 일이란 다음날 실시해야 할 일로서 가장 중요한 일 여섯 항목을 적어 이것을 중요도에 따라 나열하는 것이었다. 다음 날 슈압 씨는 첫 번째, 두 번째 세 번째라는 우선순위에 따라 일을 처리했다. 당일에 적은 전항목을 완료하지 않아도 상관없다. 가장 중요한 항목을 처리하기 위해서 시간을 사용했기 때문인 것이다. 이 방법을 2, 3주간 시험해 보고 슈압 씨는 대단히 유효하다고 생각하여 이 컨설턴트 조언에 2만5천 달러를 지불했다고 한다.

4. 의사결정을 하기가 어려워서 결정을 내리지 못하고 있는 경우가 있다. 이런 장애를 제거하는 방법은 제5장에서 소개된다.

5. 커뮤니케이션에 장애가 있어 일을 완료하는 데 필요한 정보를 모두 입수하지 못한 경우가 있다. 전문직 스텝과 효과적으로 협동하기 위한 아이디어는 제9장에 소개된다.

6. 다음과 같은 문제점이 있어 자기관리가 잘 되지 않는 경우가 있다. 압박감을 느끼고 있어 계획에 태만하고 있다. 실행 곤란하다든가 체념해버려서 그 일에 몰두하고 있지 않다. 자신의 주요목적을 약화시킬 것 같은 반대욕망을 허용하고 있다.

7. 자신의 목표를 달성하는 데 필요한 자신감이 결여되어 있다.

8. 업무의 핵심으로 들어가지 않고 업무 주변을 빙빙 돌고 테스트를 반복하고 있는 경우가 있다.

9. 장래의 성공을 목표로 발전적으로 움직이지 않고 지난 실패의 포로가 되어 있는 경우가 있다.

10. 자신은 그것을 할 수 있다든가, 그것을 해보자라고 생각하지 않고 반대로 자신은 아마 그것을 완성할 수 없을 것이라고 생각하고 있는 경우가 있다.

03

계획수립 시간관리

　스페인의 격언에 "공중에 성을 쌓지 않으면 어디에도 성은 쌓을 수 없다"라는 말이 있다. 대개 미국인은 백일몽을 꾸는 것은 시간낭비라고 교육받아 왔다. 그러나 성공한 경영간부는 컨트롤된 백일몽은 절대로 필요한 것이라고 인정하고 있다. 이것은 계획수립이라 불리는 것이지만, 경영간부가 조직상의 지위가 오르면 오를수록 계획수립에 사용되는 시간은 증가된다.

　데이비드 알렌은 그의 저서 ≪업무 달성(Getting Things Done)≫에서 매일 어떤 일을 해나가는 데는 게임을 하는 듯한 계획이 필요하다고 서술하고 있다. 계획이 없으면 자신의 눈앞 혹은 책상 위에 있는 것에 터무니없이 시간을 할당해버리게 된다. 알렌은 계획이 없으면 기회와 씨름하는 것이 아니라 단지 문제와 씨름하는 것으로 끝나 버린다고 서술하고 있다.

　계획을 세움으로써 비생산적인 활동과 꾸물거리는 행위를 제거할 수 있게 된다. 이 과정은 두 종류의 렌즈, 즉 광각렌즈와 망원렌즈를 사용해 카메라를 들여다보는 행위와 같다.

광각렌즈적 계획수립

광각렌즈적 계획에 의해 큰 시야를 가질 수 있게 된다. 이것은 장기목표를 다시 한번 떠올리게 해서 그것을 달성하기 위한 단기목표를 설정할 경우에 필요한 것으로, 이런 때에 과거를 되돌아보고 생각해 실패를 배우고 과거의 성공을 기초로 장래를 계획하는 것이 된다. 또 조직의 목표달성에 자신이 더욱더 공헌할 방법은 없을까 하고 검토하는 시간이기도 하다. 공부를 하거나 자신의 분야와 관계있는 문헌을 읽고, 자신의 전문적인 능력을 닦는 시간이기도 하다.

일주일간의 스케줄에는 광각적 계획을 세우는 데에 한두 시간을 잡아둘 필요가 있다. 가능하면 그날의 압박감으로 자신의 사고의 기능이 저하될 수도 있는 사무실이 아닌 다른 곳에서 광각적인 계획을 세우는 것이 좋다. 쾌적하고 긴장을 풀 수 있는 자택의 조용한 장소라든가 어딘가 그런 다른 장소를 찾으면 좋다.

광각렌즈적 계획 작성은 금방 자신의 주의를 끄는 것이 아니므로 그냥 이것을 무시해버리는 경향이 있는데 그러면 안 된다. 광각렌즈적 계획수립은 성과를 많이 거두기 위한 매우 현명한 시간투자이기 때문이다.

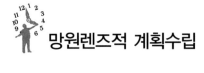

망원렌즈적 계획수립

망원렌즈적인 계획수립이란 어느 특정문제와 일에 초점을 정확히 맞추는 것이며, 이 경우에는 다음과 같이 한다.

▶ 제2장에서 소개한 일일계획표를 사용해서 그날의 일을 계획한다.

▶ 인사에 관한 문제를 잘 생각한다.

▶ 스케줄을 짠다. 다음과 같은 가이드라인은 스케줄을 짤 때 경영간부가 때때로 활용하는 것이다.

　• 그날 중 발생하는 문제처리를 위해 38%의 시간을 사용한다.

　• 일주일 후의 문제에 40%의 시간을 사용한다.

　• 일주일에서 한 달 후의 문제에 15%의 시간을 사용한다.

　• 6개월 후의 문제에 5%의 시간을 사용한다.

　• 6개월부터 일 년 후의 문제에 2%의 시간을 사용한다.

망원렌즈적 계획수립을 위해 매일 1시간 정도 조용한 시간을 설정해둔다. 이를 위해서는 혼자 있을 수 있는 시간을 선택해야 하고 전화, 방문자, 비서 등에게 방해받지 않고 생각에 전념할 수 있는 때가 좋다. 사람에 따라서는 이 시간으로는 아침이 제일이라고 하기도 한다. 사무실 문을 열자마자 금방 일을 시작해야 할 입장에 있는 사람은 러시아워가 시작되는 1시간 전에 출근해보는 것도 좋다. 조금 빨리 시작할 수 없는 사람은 다른 시간을 찾아본다. 예를 들면 업무가 끝나기 1시간 전이라든가 점심시간을 전후해서 이 시간을 찾는다.

중요한 것은 하루에 적어도 1시간은 자신이 혼자서 자유롭게 있을 수 있는 시간을 정하는 데 있다. 가능하면 매일 같은 시간을 선택해서 이것을 특정해 두면 이 시간에는 자신을 붙들 수 없다는 것을 주위사람이 알게 될 것이다. 경영간부를 만나려고 하면 언제라도 만날 수 있다는 잘못된 사고를 가져서는 안 된다. 이런 생각은 자신의 사무실 문은 언제나 열어둔다는 생각을 낳게 되는데, 이렇게 되면 복도를 지나가는 용건도 없는 사람에게 '언제라도 자유롭게 들어와 주세요' 라고 초대하고 있는 것이 되어 버린다.

다음으로 할 일은 망원렌즈적 계획수립을 할 장소를 발견하는 것인데, 이것은 자신의 사무실이라도 상관없다. 단지 이럴 경우에는 이 계획을 세우고 있는 동안 아무도 자신의 주의를 방해하지 않도록 모든 방해를 잘 막아 줄 사람이 있어야 한다. 사무실이 누구나 자유롭게 출입할 수 있는 상태인 경우에는 생각을 위한 시간용으로 어딘가 비밀장소를 발견하면 좋을 것이다.

상사가 보면 자신은 아무것도 하고 있지 않은 듯 보이므로 자신이 시간을 낭비하고 있다고 상사가 생각하고 있는 것이 아닐까 걱정하는 경향이 있는데 이런 걱정은 하지 않아도 된다. 필시 상사도 계획을 세우기 위해 소용한 시간을 설정하고 있다. 설령 그렇지 않을 경우라도 계획수립의 시간을 설정한 결과 능률이 오르면, 계획을 세우는 시간을 설정하는 지혜를 상사는 틀림없이 인정하게 될 것이다.

시간을 기록하고 관리하라

피터 드러커는 이렇게 서술하고 있다.

"시간을 기록할 것. 시간을 관리할 것. 일체화할 것. 사장은 이 세 가지의 스텝을 밟는 것이 효율적인 관리를 하는 기초이다."

시간 분석을 서술한 제2장에서 이미 자신의 시간을 기록하는 것을 배웠고, 시간을 기록함으로써 자신에게 관계없는 일을 버리거나 위임하고 자신의 시간을 관리하는 것도 알았다. 시간의 기록과 시간관리를 최저 6개월마다 반복해서 실시해주기 바란다. 비생산적 행동은 자신도 모르는 사이에 자신의 스케줄 속에 잠입하므로 정기적으로 이것을 찾아내서 제거할 필요가 있다.

자신의 시간을 기록하고 관리하게 되면 자신이 해야만 하는 일에 소요되는 시간이 어느 정도인지를 알 수 있게 된다. 문제는 이 시간이 하루 스케줄 속에서 부분적으로 조금씩 나누어져 있다는 것에 있다. 이 시간을 합하면 1시간이나 2시간이 되는데 대개의 경우 경영간부가 일을 처리하는 데는 이것은 충분하지 않다. 매시간의 15분씩을 사용해서 관리직이 해야 할 계획수립의 일을 한다 해도 이것을 완성하기는 힘들다고 생각한다. 필요한 것은 약간의 시간적 여유를 갖는 대신에 이것을 합해서 상당한 시간을 가질 수 있는 시스템을 만드는 것이다. 이것을 하기 위한 방법을 몇 가지 소개한다.

① 일주일에 하루 정도는 집에서 일을 한다.
② 예를 들면 일주일 중 월요일과 금요일 이틀간을 미팅이나 문제해결 회의, 그 밖에 이런 종류의 일을 실시하는 날로 스케줄을 정한다. 화·수·목요일 오전 또는 오후를 경영간부로서의 일을 하는 날로 정한다.
③ 오전 중 2시간 또는 1시간 반 동안 자기 집에서 매일의 반복되는 일을 끝내 버린다. 하루의 일이 끝난 시점보다도 하루 일을 시작하는 때가 생산적인 상태에 있는 것이다. 게다가 저녁시간을 가족과 함께 보내는 것도 즐거울 것이다.
④ 전화할 일을 정리한다(제7장 참조).
⑤ 아침식사를 늦게 하고 점심시간에도 일을 한다.

경영간부로서 계획수립을 위한 시간을 많이 잡아 스케줄을 짠 것이므로 이번에는 이 시간을 현명하게 사용할 도구가 필요하게 될 것이다. 다음은 경영간부에게 효과가 있는 도구를 소개한다.

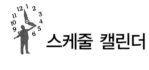
스케줄 캘린더

경영간부에게는 3개의 스케줄 캘린더가 필요하다. 포켓용, 탁상용 그리고 일일계획표이다.

포켓 캘린더

소형 포켓 캘린더를 언제나 휴대하라. 사무실을 떠나 있을 때 약속과 회의예정을 짤 필요가 있을 경우에 시간이 있는지 없는지는 이 포켓 캘린더를 보면 좋을 것이다. 탁상용 캘린더는 자신의 어시스턴트 책상 위에 놓으면 좋다.

그리고 반드시 ① 하루에 1~2회, 1회에 2~3분(최대 5분) 자신의 어시스턴트와 자신의 캘린더를 조회한다. ② 양쪽 캘린더에 기입할 경우에는 연필로 한다. 그러면 변경이 필요할 경우에는 지우개로 지우고 변경한 스케줄을 기입할 수 있다.

포켓 캘린더에는 탁상용 캘린더에 비해 필요한 정보를 대량으로 적을 수 없다. 필요한 것은 일정한 시각에 약속한 사람의 이름을 기입하는 것으로, 이 캘린더로는 특정시간이 누구누구와의 관계로 기록되어 있는가를 아는 정도인 것이다. 포켓 캘린더를 사용하면 외부에서 약속을 정하자고 제의받았을 경우 빈 시간을 확실히 알고자 사무실에 전화를 거는 시간을 절약할 수 있게 된다.

탁상용 캘린더

어시스턴트가 상사를 위해 사용하는 탁상용 캘린더에는 예정된 시간과 다음 사항이 기입된다.

- · 약속된 사람 이름
- · 회합시간
- · 회합의 주제(약속 이유)

약속 의뢰가 있으면 어시스턴트는 상사를 위해 이 캘린더에 약속을 기입하게 된다. 어시스턴트는 언제, 어느 정도 시간적 여유가 있는지 알고 있으므로 경영간부와 어시스턴트가 하루에 1~2회 탁상용과 포켓용 캘린더를 조회하고 서로 어긋나지 않도록 해둘 필요가 있는 것은 이 때문이다.

일일계획표

세 번째 캘린더가 이 일일계획표로, 이것에 따라 시간을 활용하면 약속은 생산적인 것으로 된다. 이 일일계획표는 상사가 회사에 도착하기 전 또는 퇴근하기 전에 어시스턴트가 제일 먼저 준비하는 것이다. 이 표에는 시간, 이름, 주제, 그 밖에 약속을 이행하는 데 필요한 정보가 기입되는데, 예를 들면 다음과 같은 예가 그 전형적인 것이다.

오전 10시 바튼 씨, 시민단체 참석에 관하여
　　(지난번 바튼 씨에게 참석의사 확인)
오전 11시 상공회의소의 고탈 씨, 회원모집 운동에 관하여
　　(운동전략 개요)
오후 1시 브락사의 브라운 씨와 화이트 씨, 건축문제에 관하여
　　(서신 별첨)

일일계획표는 B5판 종이에 적어도 좋다. 날짜를 색인으로 사용해도 좋다. 이 표를 사용해서 [도표 2-3]에 게재한 일일계획표를 보충할 수도 있다.

캘린더 작성의 요령

① 지나치게 세세한 스케줄은 피한다. 이것은 자신과 방문자에게 긴장감을 초래하게 된다. 시간의 압박감은 능률을 저해한다.

② 정기적으로 이루어지는 회합에 관해서는 3개월 전에 캘린더에 기재하도록 하고 이 회합이 다른 회합과 겹치지 않도록 한다.

③ 말을 장황하게 하는 방문자와의 약속은 전략적인 시간에 정한다. 예를 들면 점심시간 전이라든가 퇴근시간 직전, 회의 직전으로 정한다. 이런 방법을 쓰면 면담을 어색하지 않게 중단할 명분이 된다.

④ 자신의 어시스턴트와 미리 이야기해 다음 약속시간이 되면 그것을 알리러 오게 한다. 가령 "다음 약속이 3분 후에 있습니다"라는 식으로 한다. 이것은 방문객에게 힌트를 주게 될 것이다.

⑤ 부하에게 자신의 사무실로 오게 하는 대신 자신이 부하가 있는 곳으로 가는 것도 생각해본다. 이로써 현장에서 어떤 일이 일어나고 있는지 볼 수 있으며 필요한 때에 자신이 협의를 중단시킬 수도 있다.

⑥ 약속시간에 늦은 사람에게는 자신의 시간이 타이트하다는 것을 알리고, 남은 시간으로 면담을 끝낼 수 있는지 없는지, 또는 약속을 재조정할 것인지 물어본다. 약속시간에 한 사람이 늦으면 그날의 다음 스케줄도 늦어져 버리게 된다.

⑦ 다른 사람의 시간도 소중하다는 것을 잊지 말라. 만일 자신이 늦을 수밖에 없을 때에는 어시스턴트나 누군가에게 그것을 설명하도록 한다. 그 방문객에게 적절한 대응을 하며 늦게 된 상황을 누차 알리는 것이 가장 중요한 일이다.

⑧ 많은 시간을 확보하는 것은 우선도가 높은 프로젝트를 완성하는 데 매우 뛰어난 방법이라 생각된다. 일주일간의 스케줄을 잡을 경우, 대량의 시간을 필요로 하는 우선도가 높은 일에 충분한 시간을 확보한다. 시간을 확보할 때에 충분한 시간을 예정하도록 하면 마음의 여유를 가질 수 있게 된다. 우선도가 높은 프로젝트를 위해 일주일 안에 수일을 예약해둔다. 프로젝트를 완성할 수 없을 경우는 다음으로 밟아야 할 스텝이 무엇인지를 기록해 둔다. 그러면 프로젝트를 완성하기 위해 다시 손을 쓸 경우 재검토할 시간을 절약할 수 있다 ([도표 4-1] 및 제4장의 이월표 설명 참조).

업무를 도표화한다

업무의 도표화란 어떤 특정한 일의 계획을 유기적으로 하는 시스템이다. 어떤 일을 실시할 경우 다음과 같은 스텝을 밟도록 한다.

① 일의 목표를 명확히 한다. 무엇을 날성해야 할 것인지 징확히 결정한다.

② 일을 달성하기 위해 밟아야 할 모든 스텝에 관해 잘 생각해 본다. 절대 필요한 스텝을 잊지 않고 밟도록 완성한 목표에서 일의 개시점까지 거꾸로 돌아가 생각해본다.

③ 논리적 순서에 따라 스텝을 배열한다. 대체안을 평가해본다. 순서를 배열함에 있어 시간절약을 염두에 둔다.

④ 모든 스텝을 논리적 순서로 배열했다면 각 스텝에 심볼을 분배한다. 다음의 심볼은 5개의 기본형이다. 자신이 실시해야 할 일의 내용에 부합해서 다른 심볼을 생각해도 좋다.

% – 고 또는 스톱(개시점 또는 완료점을 나타낸다).

? – 인풋(input), 즉 시간이나 재료 투입(프로젝트를 완성시키기 위해 필요한 것을 나타낸다).

! – 절대 필요한 것(스텝을 완료하기 위해 행동이 필요한 경우에 사용한다. 목표를 의식하고 필요한 것을 손에 넣으면 아무 것도 하지 않은 채 가만히 정지해 있을 이유는 없게 될 것이다).

* – 결정(의사결정을 하지 않으면 안 된다).

 ## 업무의 도표화 일례

업무

어떤 프로젝트를 처리해야 할 예산 연도를 위해 사무실의 예산을 결정한다.

업무의 목표를 명확히 한다.

다음 연도용의 소모품, 비품의 구입량을 금액으로 산출하고 이 예산을 활자로 작성한다.

업무를 달성하기 위해 필요한 스텝을 생각한다.

① 회사서류에 양식변경이 없는지 확인한다(가능성이 있다).

② 전년도 사용량을 항목별로 조사한다.

③ 다음 연도에 필요한 새로운 비품은 무엇인지 조사한다.

④ 우편물의 일괄취급이라든지, 뭔가 특별한 프로젝트가 설정
되어 있지 않은가 확인한다.

⑤ 다음 연도에도 그것을 구입할 예정인지 아닌지를 조사한다.

⑥ 다음 연도에는 재고품을 쓰는 것이 이익인지 어떤지를 조사
한다(대량구입으로 비용절감이 될지도 모른다).

⑦ 예산표의 형식을 결정한다.

⑧ 단가를 결정하고 품목마다 총비용을 산출한다.

⑨ 총예산표를 결정한다.

⑩ 총예산표의 복사본 수와 송부 수를 결정한다.

⑪ 다음 연도의 소모품을 예측해본다.

논리적 순서로 스텝을 고치고 심볼을 배당한다.

§ - ① 작년 사용량을 각 항복별로 조사한다(지출청구서를 조
사).

☆ – ② 금년도에 그때마다 구입한 것을 조사한다.

＊ – ③ 전항 ②의 항목을 보고 재고의 양을 결정한다.

○ – ④ 회사서류의 양식변경이 없는지 조사한다(현행의 것을 처분하고 전부 새로운 것으로 대체할 필요가 있을지도 모른다).

◎ – ⑤ 다음 연도에 예비품으로 구입할 것은 어느 정도 필요한지 결정한다.

！– ⑥ 다음 연도의 소모품 양을 예측한다.

√ – ⑦ 전항 ⑤의 가격을 조사한다.

∽ – ⑧ 구입단가보다 비용을 계산한다.

∝ – ⑨ 새로운 설비가 필요한지 판단하고, 필요한 경우 기종을 선정한다.

∵ – ⑩ 새로운 설비가 필요하면 그 비용은 얼마인지 잡아본다.

∫ – ⑪ 총예산을 계산한다.

∈ – ⑫ 예산서의 형식을 결정한다.

∋ – ⑬ 예산서 복사본이 몇 장 필요하며 누구에게 송부해야 하는지를 결정한다.

∧ – ⑭ 예산서를 활자로 치게 한다.

업무를 도표화해 보면 무엇을 해야 할 것인지, 어느 스텝은 동일 부서의 스태프 몇 명이 함께 취급할 수 있는 것인지 알 수 있다. 마찬가지로 업무내용에 있어서도 반드시 실행해야 할 것도, 스태프에게 배당해서 동시에 진행시킬 수 있는 것도 있을 것이다. 그러나 앞의 예는 반드시 실행해야 하는 것은 선행하는 스텝이 끝나지 않으면 실행할 수 없는 관계에 있으므로 이것은 불가능하다.

그리고 결정해야 할 사항도 도표 위에 명확하게 나타나 있다. 이상의 예에서 ⑤, ⑨, ⑫ 항의 결정사항은 이 일을 진행하고 있는 사이에 대개 언제라도 결정하면 좋은 것이지만 일반적으로는 그것이 결정되지 않으면 다음 스텝으로 이행할 수 없는 상태가 되기 전에 결정할 필요가 있다.

주의사항

프로젝트의 가치에 부합하는 정도의 시간을 들이며 가치에 맞지 않게 시간을 들이지 말라. 목표 또는 주목적과의 관계에서 일에 몰입하고 적합한 가치를 고려한다. 그 가치가 높은 것에는 가치가 낮은 것보다 시간을 들일 가치가 있다는 것이다. 물론 필요가 있을 경우에 말이다. 예를 들면 연 2만 달러 매출의 단골손님과 연 5만 달러 매출의 단골손님이라면 어느 쪽에 보다 더 많은 시간을 들일 것인가 하는 것이다.

 **표준시간**

반복적인 일을 할 경우 자신과 부하를 포함해서 이 일에 통상 어느 정도의 시간을 들이고 있는지 기록을 해두면 좋다. 필요하다면 그 반복적인 일을 측정할 수 있는 단위로 분해해 보도록 한다. [도

표 3-1]은 표준시간을 기록하기 위해 참고로 만든 것이다. 이 기록을 이용하면 다음과 같은 것에 도움이 된다.

① 부적절하게 시간을 들이고 있는 일을 알게 된다. 그러면 그 일을 할 필요가 있는지 재평가해 볼 수가 있다.

② 일을 실제로 함에 있어 스케줄 작성에 도움이 된다. 나중에 표준시간에서 꽤 동떨어진 경우에는 시간관리의 필요성을 알게 된다.

③ 비용을 계산할 경우에 자료가 된다. 변호사와 서비스 산업의 사람들은 이 자료들을 비용청구의 데이터로 자주 사용하고 있다.

④ 일의 완료시기를 설정하는 데 도움이 된다. 완료시기의 설정은 시간을 현명하게 사용하는 데 크게 도움을 준다.

주의사항

일에 실제로 종사하고 있는 사람들이 이 일의 표준시간을 알고 있으면 파킨슨의 법칙이 작용할 위험이 있다. 다시 말하면 표준시간에 맞추어 일을 연장하는 경향이 나오게 된다. 이것을 피하기 위해서 표준시간의 기록은 표준시간을 단축시키기 위해 있는 것처럼 담당자에게 인식시키는 것이 좋다.

[도표 3-1] 표준시간표

표준시간

업무 또는 행동	표준시간

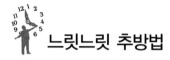

느릿느릿 추방법

일을 느리게 하는 것은 시간을 낭비하는 나쁜 습관이지만 곰곰이 따져 보느라고 소비된 시간은 시간을 절약하게 되기도 한다. 예를 들면 내버려두면 그것 자체로 해결될 것 같은 문제가 있다. 이런 문제를 처리하기 위해 책상서랍을 별도로 하나 마련하는 것도 좋을 것이다. 이 서랍에 넣어둔 문제를 긴급히 처리해야 할 경우에는 검토 중이었던 것이므로 서랍에서 꺼내 처리하면 된다.

그리고 바로 처리하지 않아도 좋은 문제의 기록표([도표 3-2])를 준비해두면 좋다. 이렇게 하면 서랍에 넣어둔 것을 찾는 시간을 절약할 수 있으며 재검토하거나 뭔가 행동을 일으키는 계기를 만들게 되기도 할 것이다.

권한위임 계획 작성표

완성일이 몇 달 후가 될 것 같은 경우에는 권한위임 계획 작성표를 사용하면 목표를 예정대로 달성하는 데 도움이 된다. [도표 3-3]을 참조하기 바란다. 이 계획 작성표를 보면 주요한 실시항목이 얼마나 있는지 한눈에 알 수 있다. 이것은 자신에 해당한 부문의 스케줄을 작성하는 데 대단히 중요한 정보를 제공해 줄 것이다.

[도표 3-2] 느릿느릿 기록표

느릿느릿 기록표

항 목	날 짜	검토일시	금후의 조치

권한위임 계획표

기록방법 1. 위임한 달에 '위' 라 기록

2. 완성 예정 월에 대각선을 긋고 그 상부에 '완' 이라 기록

3. 예정대로 완성된 경우에 대각선 아래에 'V' 라 기록

    예정보다 늦어진 경우에 완료 월 난에 'V' 라 기록

업무명칭	피위임자	위임 월/완료 월					
		1	2	3	4	5	6
설비 재고			위		완/v		
자재 재고				위		완/	v
예산 재고				위	v	완/	

사무실 구조

사무실의 구조가 잘 되어 있지 않으면 일에 열중해도 시간이 낭비되고 만다.

개인에게는 좋아하는 것과 싫어하는 것이 있고, 여러가지 습관이 있는데 이처럼 성공한 경영간부에게는 다음과 같은 공통점이 있다.

① 현재 실제로 열중하고 있는 특정 일에 관한 것 외에는 아무 것도 책상 위에 두지 않는다. 그래야 현재 열중하고 있는 일에 주의를 집중할 수 있게 된다.

② 책상 위를 정리하고 펜, 가위, 클립, 자, 호치키스, 호치키스 떼는 것, 편지지, 봉투, 메모용지 등을 찾는 데 시간이 걸리지 않도록 한다. 모든 것을 정리정돈하고 있어야 할 곳에 두는 것은 시간활용의 원칙이다.

③ 작업할 장소의 넓이가 넉넉하다. 이것은 필요조건이다. 책상만으로 불충분하며 자신의 책상 뒤에 작업대, 카운터, 또는 보조책상 같은 것도 필요하다.

④ 책상은 벽에 면하여 있고, 작업 중에는 칸막이를 향해 있을 수 있도록 되어 있다. 이렇게 함으로써 외부의 방해를 최소한으로 받지 않을 수 있으며 생산성을 최고로 높일 수 있다.

방문자에 대해서는 최대의 주의를 기울일 수 있도록 방향을 변경할 수 있는 위치에 책상을 둔다.

[도표 3-4] 사무실 배치

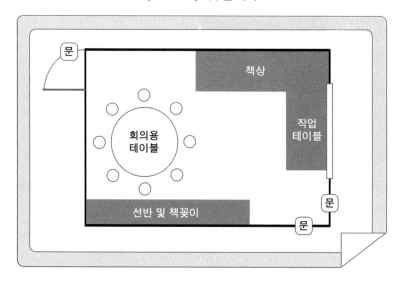

⑤ 책상용의 전등은 천정에서 비추는 것보다도 빛이 책상 위로 집중되어 있다. 이것은 전기요금이 절약될 뿐 아니라 잡음방지도 된다. 부분적으로 빛이 비춰지는 장소에서 사람들은 천천히 걸으며 조용히 말하는 경향이 있다.

⑥ 사무실은 작업할 장소와 응접할 장소를 구별해둔다. 응접용 의자는 간편하게 움직일 수 있도록 한다([도표 3-4]를 참조).

⑦ 사무실에는 시계를 2개둔다. 하나는 자신에게 잘 보이는 곳, 또 하나는 방문자의 눈에 반드시 띄게 한다.

⑧ 출장여행이 잦은 사람에게는 양복을 갈아입을 장소와 여행 도구를 둘 곳이 있으면 시간을 절약할 수 있다.

04

신속한 업무처리 시간관리

산더미 같은 서류정리 방법

매일 일의 우선순위를 정하고 일일계획표([도표 2-3])를 사용해도 책상 위에 서류는 산더미처럼 쌓인다. 이 서류들을 정리하는 방법을 소개한다.

우선 산적된 서류를 처리할 시간을 확보한다. 가능하면 스케줄을 세워 하루나 한나절을 여기에 사용한다. 틈을 보아 조금씩 하기보다 일정시간을 잡아 씨름하는 편이 훨씬 많은 양을 정리할 수 있다. 일정 시간을 확보할 수 없을 경우에는 일일계획표 속에 서류정리 일을 넣어 건별로 한 건씩 처리하도록 한다. 이 경우 산적한 서류 중에서 우선순위가 높은 것을 선택해 처리해가는 것이 중요하다.

산더미같이 쌓인 서류더미를 정리하는 방법

서류를 정리하기 위해 하루 또는 한나절의 시간을 확보했다고 하자. 또는 토요일 오전 중을 이용해서 서류더미를 정리하도록 스케줄을 짰다고 하자. 이제 산더미같이 쌓인, 아무래도 정리되지 않을 것 같은 서류더미를 정리하는 방법을 다음과 같이 소개한다.

① 가장 중요한 일부터 하루에 완료할 수 있다고 생각되는 것을 가능한 한 많이 선택한다. 자신이 예정한 시간보다 빨리 처리할 수 있는 경우를 생각하여 2개 정도 여분을 첨가해둔다.

② 선택한 일을 별지, 또는 소형 카드에 나열해 적는다.

③ 책상 위에 카드를 놓고 착수할 순서대로 나열해본다. 이럴 경우,

    a. 지루하고 단조로운 일은 흥미 있는 일과 섞어서 한다.

    b. 하드웨어적인 일(육체적)과 소프트웨어적인 일(심리적)을 섞어서 한다.

    c. 가능하면 관련 있는 일은 함께 모은다. 예를 들면 전화 거는 일, 메모지를 옮겨 적을 서류 등등.

④ 순서에 따라 일에 착수한다.

⑤ 서류더미는 자신이 잘 볼 수 있는 책상 가장자리에 놓아두고 일에 방해가 되지 않도록 한다.

⑥ 한 가지 일이 끝나면 완료한 날짜를 기록한다. 1회에 하나의 일만이 눈에 들어오게 한다. 즉 씨름하고 있는 서류만이 눈에 들어오게 하는 것이다. 그렇게 함으로써 씨름하고 있는 일에 주의를 집중하게 된다.

⑦ 보고서를 작성하는 일같이 시간이 많이 걸릴 것 같은 일과 씨름할 때에는 몇 개 부분으로 분할하고 각각에 관해 카드를 작성하여 처리할 서류더미 속에 둔다. 이렇게 하면 장시간에 걸쳐 시간과 노력이 드는 일에 질리지 않게 될 것이다. 즉 짧은 시간에 삭은 일을 낯 개 완수할 수 있게 뇌어 뭔가 성취감 같은 것을 느낄 수 있다.

서류가 쌓이지 않게 하는 방법

서류가 쌓이지 않게 하기 위해서는 어떻게 하면 좋을까? 서류더미가 쌓여 있지 않은 경영간부는 좀처럼 없다. 그러나 서류더미를 전혀 만들지 않고 끝내는 습관을 익힐 수 있다. 그 원칙은 다음과 같다.

서류는 한 번 이상 취급하지 않는다. 그것이 편지거나 리포트거나 또는 전화에 의한 전언이라도 서류를 집어들면 파일로 만들어 넣어두는 일은 하지 않는다. 바로 처리하도록 한다. 회답을 요구하고 있는 편지라면 그 자리에서 답장을 쓴다. 바로 읽어 소화할 필요가 있는 리포트인 경우에는 즉시 처리한다. 바로 읽어 소화시킬 시간이 없을 경우에는 누군가에게 건네고 포인트를 알려주고 개요를 설명해주도록 일을 위임한다. 이렇게 하면 책상 위에서 리포트가 바로 정리되는 것이다.

〈US 뉴스 & 월드리포트〉지에 R. 알렉 마켄지와의 인터뷰 기사가 실려 있다.

Q: 비즈니스맨과 전문가의 대부분은 시간낭비의 근원이 되는 탁상업무에 불평을 늘어놓고 있습니다. 어떻게 하면 탁상업무의 홍수에서 헤어날 수 있을까요?

A: 제일의 원칙은 가능한 한 일을 다른 사람에게 위양하는 것입니다. 일을 위양하지 않으면 서류가 점점 쌓이게 되는 것입니다. 탁상업무의 원인으로 일어나는 초조함의 최대원인의 하나는 망설이다가 결정하지 못하는 데 있습니다. 보통 경영

간부는 미결서류함에 들어 있는 일의 80%는 즉석에서 결정을 내릴 수 있을 것입니다. 그 문제에 관해 그 자리에서 판단할 수 없다는 경영간부는 며칠이 지나도 역시 어떻게 해야 좋을지 모를 것입니다. 바로 의사결정을 하는 습관이 붙어 있는 사람은 2, 3일 그 문제를 생각해보려고 연기해두어도 그 이상 그다지 좋은 결정을 내릴 수 없다는 것을 알고 있습니다. 며칠이고 끌면 그 서류를 다시 한번 읽어야 하고 문제가 무엇이었는지 다시 생각해보아야 합니다. 그렇기 때문에 의사결정을 즉석에서 내리는 것은 두 가지의 이점이 있습니다. 그 첫째는 시간을 버는 것입니다. 경쟁적인 조건하에서 시간은 결정적 요소입니다. 둘째는 잘못 내린 결정을 고칠 시간이 있다는 것입니다. 의사결정을 연기하면 어느 샌가 돌이킬 수 없는 시점에 와 있을 때가 있습니다. 겨우 결정을 내린 때에는 변경하기에는 너무 늦어서 틀린 채로 진행하게 될 위험이 커집니다.

사무실로 보내 온 서류를 전부 자신에게 오지 않도록 어시스턴트를 훈련한다.

복사서류와 회람서류는 어시스턴트가 담당자에게 보내게 한다든가, 통상의 편지는 답장을 쓰게 한다든가, 자신에게 흥미 없는 광고물 같은 우편물이라면 파기시킨다든가, 당장 읽지 않아도 되지만 보관해두는 편이 좋을 것 같은 정보는 파일로 만들도록 책임을 부여한다.

우선 확인해 보아야 할 우편물이 무엇인지 알도록 어시스턴트와 함께 분류 시스템을 만든다.

이 방법 중의 하나는 당일 중 긴급히 확인해 볼 필요가 있는 우편물을 넣는 파일을 만드는 것이다. 그리고 중요하지만 급히 확인해 보지 않아도 좋은 우편물 파일도 만든다. 또한 참고용 자료 파일도 만들고 각각의 파일을 색깔로 구별해두면 좋다.

편지, 리포트, 정기간행물 등을 어시스턴트에게 읽도록 시키고 포인트에 언더라인을 긋도록 한다.

예를 들면 긴 편지를 받았다고 하자. 어시스턴트가 개봉해서 그것을 읽고 요망사항이 적혀 있고 회답 기한도 명시되어 있다고 하자. 편지 내용이 어시스턴트가 상사 대신 답장을 낼 수 없다고 하자. 이럴 경우에는 어시스턴트는 상사가 회답해야 할 요점을 모아 상사를 위해 노트에 기입해둔다. 편지의 요망 항목에 언더라인을 긋거나 회답 기한 날짜에 빨간 색으로 줄을 긋거나 둥글게 글자를 감싸도 좋다. 이런 식으로 되어 있으면 편지를 보고 금방 무엇이 필요한지 알 수 있으며 바로 옆에 필요한 자료도 준비되어 있으므로, 그 편지를 손에 넣자마자 구술 속기용 녹음기를 향해 구술로 회답하고 요지를 기록해 파일에 넣어 어시스턴트에게 돌려주면 된다. 이렇게 하지 않으면 긴 편지를 다시 한번 꺼내고 회답에 필요한 자료를 찾으려다가 결국은 서류더미에 첨가해 버리게 될 것이다.

뭔가 문제를 제출할 경우에 해결책도 함께 제출하게 한다.

이렇게 함으로써 문제를 안고 있는 자가 그 문제해결책을 생각할 기회를 만들게 되어 모든 걸 상사에게 해결책을 맡기는 일이 없어진다.

경우에 따라서는 논리적이라 생각되는 해결안을 승인하면 끝나게 되기도 한다.

3 쪽 이상의 리포트에는 표지에 요약을 달게 한다.

표지에는 리포트 요약, 작성일자, 보고자명을 쓰게 한다. 이렇게 한 것만으로 요약, 작성일, 보고자명을 찾는 시간을 절약하게 된다. 리포트를 파일할 필요가 있을 경우에는 파일시간의 절약도 될 것이다.

일상적인 탁상업무는 가능하면 매일 같은 시간에 처리하는 습관을 들인다.

이런 습관을 들이면 서류정리를 할 때 우물쭈물하는 일은 없게 된다. 게다가 다른 사람도 그 시간은 비어 있지 않다는 것을 알게 될 것이다.

'있어야 할 곳에 있어야 할 물건을 둔다'는 것을 잊지 않는다.

이 오래된 금언은 시간낭비를 없애는 데 큰 도움이 된다.

자신이 작성한 리포트에 관해 정기적으로 조사해본다.

리포트가 최종적으로 다른 사람의 손을 거치는 과정을 조사해본다.

> ▶ 리포트를 실제로 읽는 사람은 누구인가?
> ▶ 리포트를 활용하는 사람은 누구인가?
> ▶ 다른 부서에 같은 정보가 수집되어 있지 않은가?

리포트는 단지 손에서 손으로 건너가고 손에 넣은 사람은 잠깐 눈을 줄 뿐이고 파일되거나 파기되고 있는 것이 많다. 이런 종류의 리포트는 필요성이 없으므로 서류더미에서 제거해 버린다. 또는 회사나 자신의 부서가 작성하고 있는 리포트명을 전부 기재한 것을 공포하고 각 리포트에 관해 검토를 구하고 계속 필요한 것에만 도장을 찍어 보고하게 한다. 이것은 사무실에서 사용하고 있는 각종 양식에 관해서도 적용될 수 있는 것으로, 오래 되어 활용되고 있지 않은 양식의 서류를 없애는 데 도움이 된다. 또는 작성되는 몇 종류의 서류를 처리하는 방법의 하나는 리포트 작성의 원가를 계산해서 새 리포트를 작성할 부서 또는 리포트의 사본을 요구할 부서에 그 제작비용을 담당하게 한다.

부서 간에 교환하는 서류는 물론 각종 서류를 엄격히 검토한다.

> ① 다음과 같은 경우에 구술필기하거나 옮겨 쓰거나 서류를 이동하는 데 시간을 낭비하는 것은 아닌지 확인한다.
> ▶전화로 끝난 경우.

▶손으로 쓰는 메모로 끝난 경우.

▶소형의 일정 양식을 인쇄한 메모용지로 처리할 수 있는 경우([도표 6-2, 6-3] 참조)

② 서류에는 필요한 정보가 빠짐없이 기재되어 있으며 나중에 파일을 꺼내볼 필요가 없도록 작성되어 있는가? 제6장에서 서류작성에 관하여 서술하고 있으므로 참고하기 바란다.

새로운 서식을 작성할 때는 다음 사항을 고려한다.

① 정말 필요한 것인가? 이 서식으로 무엇을 얻으려는 것인가? 절차를 생략하거나 폐지할 수는 없는가?

② 기존의 서식을 개선해서 이 정보와 절차를 포함시킬 수 없는가?

③ 새로운 서식은 타 부서에 어떤 영향을 미치는가? 이 서식으로 업무를 보다 더 편리하게 할 수는 없을까? 업무량은 증가할 것인가? 아무런 영향도 주지 않고 끝나는가?

④ 이 서식의 절차에 어느 정도의 비용과 시간이 필요한가. 서식작업의 조사, 필요한 준비, 공란 처리기한, 서류정리, 시간 등.

⑤ 새로운 서식을 사용하기 위한 필요한 훈련시간은 어느 정도인가?

능률적으로 서식을 설계한다.

사무실에서 사용하는 서식은 보기도 좋아야 되고 동시에 기능적이지 않으면 안 된다. 다음 사항을 지키면 서식은 효율적으로 사용되어 다시 고쳐야 할 필요도, 추가정보를 모으기 위한 불필요한 시간, 사본을 회부하기 위해 복사를 추가하는 불필요한 시간 등을 없앨 수 있게 되어 탁상업무는 감소되고 시간의 낭비도 줄이게 된다.

① 이 서식에는 필요한 지시가 전부 인쇄되어 있어야 한다. 그리고 필요한 사본 수 및 사본 송부처가 기입되어 있어야 한다.

② 바로 판별할 수 있게 각 서식에는 이름과 서식번호가 기입되어 있어야 한다. 서식번호는 어느 서식이나 같은 위치에 기재되어 있어야 한다. 이 번호는 서류의 왼쪽 하단에 인쇄해 두는 것이 가장 보편적인 방법이다. 또 이 서식의 제정 연월일, 개정 연월일도 인쇄하도록 한다. 그래야 사용자는 최신 서식을 사용하고 있는지 식별할 수 있게 될 것이다.

③ 철을 하게 되어 있을 경우에는 서식에 철할 수 있는 공간을 남겨둔다.

④ 서식번호에는 사용목적 또는 사용부서를 판별할 수 있는 번호를 붙여둔다. 예를 들면 입사신청서 양식에는 〈No. p-38〉이라 인쇄한다. 이 P는 인사(퍼스널)과를 의미하는데 인사부가 사용할 서식번호에는 전부 P를 붙여두도록 하는 것이다.

⑤ 회답을 기입하는 경우에는 적절한 곳에 기입하기 좋도록 서식을 기입자가 체크리스트에 회답하는 형식으로 작성한다. 기입 작업이 간단히 끝나도록 정형화되어 있으면 작업시간은 짧게 끝난다.

⑥ 컴퓨터로 기입할 경우에는 기입할 수 있는 공간을 남겨둔다. 손으로 기입할 경우에는 적어 넣을 수 있는 적당한 공간을

둔다. 공간은 부족하기보다는 충분히 있는 편이 좋다.

⑦ 사무실에서 사용할 서식의 크기는 가능한 한 통일한다. 사이즈를 통일해두면 파일이 용이하고 파일 시간을 절약할 수 있다.

⑧ 플라스틱으로 된 하드커버보다 특수 처리한 종이를 사용할 것을 검토해 본다. 그렇게 하면 깨끗하고 스피드도 빠르다.

⑨ 서식은 풀칠해 둘 것인지, 따로따로 두는 것이 좋은지, 한 장의 긴 종이로 해서 빳빳하게 접지 않고 둘 것인지, 접어두는 것이 좋은지, 단지 철할 구멍을 내는 것이 좋은지 등을 검토해본다.

⑩ 서식을 설계하거나 재검토할 경우에는 사용할 사람의 의견을 들어본다. 사용자의 의견은 서식을 사용하기 편리하게 하는 데 도움이 된다.

⑪ 새로운 서식이 만들어지면 낡은 것은 폐기처분한다.

 ## 시간 절약을 위한 분류 시스템

여러가지 탁상업무를 지체하지 않고 잘 처리하려면 분류시스템이 필요하다. 이 분류 시스템은 하나의 조직에 속하는 경영간부의 수와 같은 정도라고 보면 틀림없다. 좋은 분류 시스템이란 자신에게 도움이 되는 시스템이고 경우에 따라서는 다른 부서의 동료에게는 도움이 되지 않는 것도 있다. 자신의 필요성을 채우는 동시에 자신의 시간절약에 가장 도움이 되는 시스템을 발견할 때까지 여러 실험을 하는 것이 좋다. 발견하면 자신에게 알맞게 조절해본다. 이 시스템은 필요에 따라 약간의 변경이 가능하도록 융통성이 있는 것이 좋다.

소형 카드 시스템

산더미처럼 쌓인 서류를 분류하는 데는 이 장의 처음 부분에서 '서류더미를 정리하는 방법'에서 소개한 '소형 카드'를 사용하는 시스템을 권하고 싶다.

이 시스템의 장점은 산더미 같은 서류가 줄어드는 것이 눈에 띄게 알 수 있는 것이다.

업무별로 폴더(folder : 종이끼우개) 이용

많은 경영간부가 사용하고 있는 방법인데 자신의 책상 뒤의 책장이나 카운터 뒤에 업무별 폴더를 두고 여기에 현행 프로젝트를 넣고 추이를 관리하는 방법이다. 폴더 상부에 분류표시를 붙이고 일 또는 프로젝트명을 기입하고 내용을 알 수 있게 한다. 마감일도 기입한다. 분류표시에 기입하는 문자는 크게 써서 폴더를 들어올리지 않아도 읽을 수 있게 한다. 업무별로 표시하여 분류하는 것도 좋다. 특정의 프로젝트마다 폴더에는 필요한 자료를 전부 보관하도록 한다.

폴더 사용의 장점:

① 현재 집중하고 있지 않은 일을 자신의 작업영역에서 채워둘 수가 있어 일정한 시간에 일정한 업무에 완전히 집중할 수

있게 된다.

② 특정업무에 관련 있는 서류를 한꺼번에 모아둘 수 있다. 즉 일과 씨름하면서 필요한 파일을 찾아다닐 자신의 어시스턴트에게 각각의 일에 관련 있는 새로운 자료는 특정 폴더에 넣어두도록 지시할 수 있다.

이월표

[도표 4-1]의 이월표를 자신의 책상에 놓아두고, 작업하고 있는 일이 한번에 정리될 수 없는 경우에는 이것을 활용하도록 한다. 일을 중단하면 이 이월표에 기입하고 폴더에 넣어둔다.

이 방법의 장점:

① 이 일을 처리하기 위해 다시 이 일에 착수할 경우 전번에 어디에서 중단했는지 금방 알 수 있으며, 이미 한 일을 기억할 시간을 절약할 수 있다는 점이다. 만일 가능하다면 일을 중단할 경우에는 다음에 그 일을 쉽게 착수할 수 있는 단계에서 중단하는 것이 좋다. 이렇게 하면 다음에 이 일에 재착수할 경우에는 편하게 일을 시작할 수 있다. 그렇게 하지 않으면 다음 스텝이 곤란한 경우에는 갈팡질팡하고 일의 착수에 시간이 걸리게 될 것이다.

② 이 방법을 사용하면 일을 완료할 때에는 이 일을 한 일시의 기록이 남아 있으며, 어느 정도의 시간이 걸렸는지 판단할 수 있어 나중에 같은 일을 할 경우 귀중한 정보가 되며 스케줄 작성에 이 기록을 사용할 수 있다. 이 이월표는 '시간 절

약법' 이란 이름의 바인더에 넣어 용이하게 활용할 수 있게
해두면 좋다.

[도표 4-1] 이월표

이월표

다음 스텝 _____

다음 스텝 _____

다음 스텝 _____

다음 스텝 _____

다음 스텝 _____

다음 스텝 _____

다음 스텝 _____

다음 스텝 _____

경과시간(시 분)

날짜 _____ 시간 _____

날짜 _____ 시간 _____

날짜 _____ 시간 _____

날짜 _____ 시간 _____

날짜 _____ 시간 _____

날짜 _____ 시간 _____

날짜 _____ 시간 _____

날짜 _____ 시간 _____

합계시간

업무/프로젝트 _____

기일 _____ 실제 완료일 _____

소형 카드 활용

소형 카드를 항상 가까이에 준비해두면 좋다. 자택에서는 주방, 거실, 서재, 침실, 욕실 등 각 방에 조금씩 놓아둔다. 뭔가 기억해두고 싶은 것이 있을 경우, 예를 들면 전화를 거는 일이라든가, 편지를 쓰는 일이라든가, 창조적 아이디어가 생각났다든가, 기념일이나 생일 등 기억하고 싶은 것이 떠올랐을 때에 기입해두는 것이다. 자신의 책상에 돌아갔을 때 이 카드를 정리해 옮긴다.

이 방법의 장점: 봉투 뒤에 쓴 노트나 신문지 끝을 찢어 쓴 메모나 슈퍼마켓에서 받은 영수증 뒤에 휘갈겨 쓴 것 등을 찾는 데 시간을 낭비하지 않게 되는 것이 우선 그 하나이다. 그리고 이렇게 휘갈겨 쓴 것이나 메모를 정확히 고쳐 써 둘 장소를 찾거나 메모를 어디에 처박아 두었는지를 찾는 시간도 절약하게 된다. 바꿔 말하면 금방 사라져 버릴 것 같은 창조적 아이디어를 잘 기억해서 나중에 활용할 준비가 될 때 이것을 떠올리게 하는 실제적 기억회복 장치라고 할 수 있다. 이 방법은 창조적 아이디어를 기억하고 파일하여 적절한 때 적절한 조건하에서 다시 한번 생각하도록 구체화한 것이다.

빠른 판단력으로 시간을 효과적으로 활용하는 방법

탁상업무로 자료를 검토할 일이 많은 경우에는 예리한 판단력이 필요하다.《웹스터 사전》에는 예리한 판단력을 스피드 있는 지각력,

침투력, 통찰력이라 설명하고 있는데, 빠르게 읽고 이해하며 읽은 것을 기억하는 방법, 즉 새로운 정보를 빨리 흡수하여 필요할 때 그 정보를 빨리 떠오르게 하는 방법을 소개한다.

속독방법

읽어야 할 경우가 많은 경우에는 속독법 강습을 받는 편이 좋을 지도 모른다. 그러나 속독법 강습을 받지 않더라도 읽는 속도를 높이는 방법은 몇 가지가 있다. 예를 들면 다음과 같다.

① 빨리 읽는 훈련을 한다. 의식적으로 자신에게 압박을 가해 본다. 다시 한번 단어와 문장을 고쳐 읽고 싶어지는 충동을 물리친다. 자주 빨리 읽으면 읽을수록 이해력은 증진되며 기억량은 증가하게 된다. 이것은 인쇄된 페이지를 달리는 사고의 흐름에서 의식이 빗나가지 않게 되기 때문이다. 물론 이해하고 기억할 수 있는 스피드는 이해하고 기억하는 것에 의해 결정된다. 매우 기술적 자료인 경우에는 내용을 파악하기 위해 스피드를 상당히 떨어뜨려야 한다.

② 읽을 것을 선택한다. 정기간행물을 손에 넣으면 우선 목차를 본다. 아무것도 관심 있는 것이 없거나 또는 목표를 달성하는 데 필요한 정보를 주는 것이 없다면 그 정기간행물에는 손을 대지 않도록 한다.

③ 서적의 경우도 마찬가지이다. 각 장의 표제를 보고 도움이 될 것 같은 장만을 읽도록 한다.

④ 기사나 각 장의 내용을 읽을 때는 대충 훑어보도록 한다. 기사의 제1절을 우선 읽는다. 각 절의 첫 번째 문장 최후의 절을 읽도록 한다. 첫 번째 절에 자신의 관심을 끌 정보가 있다는 것이 확실할 때에만 그 기사를 전부 읽도록 한다.

⑤ 자신의 어휘를 늘리기 위해 끊임없이 노력한다. 모르는 말이 많으면 많을수록 읽는 스피드는 떨어진다.

새로운 정보를 기억한다

다음 사항에 주의하면 새로운 정보를 보다 오래 기억할 수 있게 된다.

① 한 번에 뭐든지 머리에 가득 집어넣지 않도록 한다. 뭔가 하기 위해서 새로운 절차를 배우게 되었다 하자. 이럴 경우 모든 절차를 우선 급히 읽고 무엇을 할 것인지, 어떤 결과를 초래할 것인지 전체 윤곽을 잡아본다. 이 시점에서는 상세한 점까지는 기억하지 않는다. 먼저 처음으로 돌아가 제1단계 또는 제2단계의 것을 완전히 머릿속에 넣는다. 제1단계와 제2단계의 것을 복습하고 나서 제3단계를 배운다. 그리고 제1, 제2, 제3단계를 복습하고 다음으로 제4단계를 배운다는 식으로 한다. 즉, 언제나 처음으로 돌아가 기억한 것을 보강하는 것이다.

② 자신의 페이스를 만든다. 짧은 시간에 배우고 때때로 신경쓰이지 않는 일을 하여 기분전환을 하거나 또는 사고의 전환을 꾀한다.

③ 여러 번 복습한다.

④ 배운 후 가능한 한 배운 것을 사용한다. 미정리자료는 자신이 언더라인을 그어 포인트를(①항 참조) 하나씩 차례로 익힌다.

⑤ 필요하지만 기억할 만큼 사용빈도가 높지 않은 정보에 관해서는 분류 정리해둔다. 이것에는 주제별로 참고 정보자료용 파일을 작성해둔다. 자신이 읽은 참고서의 노트와 논문사본을 파일해둔다. 책 제목, 저자, 출판사, 참고가 되는 페이지 등을 기록해둔다. 도서관 책일 경우에는 필요한 때에 그 책을 용이하게 빌릴 수 있도록 도서관 색인용 번호를 기록해둔다([도표 4-2] 참조).

[도표 4-2] 참고 정보자료

참고정보

항목 _____

참고사항

정보원   책 명 _____   페이지 No. _____
        저자 _____
        발행처 _____
              _____   도서관색인
              _____   No. _____

⑥ 리포트를 작성하기 위해 조사하고, 자신이 찾은 자료는 기록
하며 참고 정보자료용 파일에 넣어 보관해둔다. 리포트를 쓰
거나 강연할 때 다시 필요한 경우가 있다. 말하자면 자신의
조사 파일을 갖는다는 것이다. 어딘가에 사실에 의거한 자료
를 기록해 둘 필요가 있는데, 이 같은 자료는 오래 보관해두
면 유용하게 활용할 수가 있다.

05

의사결정을 내리는 시간관리

의사결정은 경영간부가 해야 할 가장 기본적인 일이다. 의사결정 행위는 경영간부가 하는 거의 모든 사항에 관계하는 것이며, 수백 개의 작은 의사결정을 즉시 내리야 되며, 이 같은 의사결정은 지식과 전문적인 능력을 전제로 하고 있다. 의사결정에는 비즈니스에서 생겨난 개념적 의사결정이 있다. 이 의사결정에 의해 장기목표를 설정하고 실행계획을 세우고 새로운 조직상의 방향을 정해 변혁을 일으키게 한다.

경영간부에게는 이런 의사결정 외에도 관리상 복잡한 문제가 많다. 현명하게 의사결정을 내리는 마법의 방법은 없지만 다음은 경영간부가 꼭 알아야 한다.

의사결정이란 실제로는 문제해결 행위의 일부이며 해결을 요하는 문제가 없으면 의사결정을 할 필요도 없는 것이다. 문제해결 과정은 세 부분의 행위로 성립되는데, 그것은 문제의 분석, 의사결정, 행동이다. 따라서 의사결정은 문제해결의 일부이며 문제연구로부터 시작되며 의사결정 사항을 수행하는 행동을 수반하는 것이다.

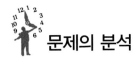 문제의 분석

관리상의 문제는 세 가지로 구별된다. 즉 첫째 실제로 일어난 일과 일어나고 있는 일과의 차이, 둘째 여러 대안(代案) 중에서의 선택, 셋째 순위의 결정이다.

문제 분석과 해결
데일 카네기는 다음 문제에 대답할 수 있다면 근심은 50%로 줄 수 있을 것이라 했다.

① 무엇이 문제인가?
② 문제의 원인은 무엇인가?
③ 문제를 해결하기 위한 여러 가능한 해결책은 무엇인가?
④ 최선의 해결책은 무엇인가?

이 같은 문제에 답하게 되면 문제를 분석하고 의사결정에 이를 때까지 필요한 시간을 적어도 50%는 줄일 수 있게 된다.

무엇이 문제인가?
이 질문은 너무나 초보적인 것으로 시간을 들여 설명하는 것은 어리석게 생각될지도 모르겠다. 그러나 문제를 구체적으로 몇 줄에 걸쳐 써서 나타낼 수 없다면 문제가 무엇인지 알고 있지 않다는 것이며, 또는 몇 개의 문제를 한 번에 해결하려 하고 있는 것일 수도 있다.

문제를 찾기 위해서는 [도표 5-1] 문제분석표를 활용해주기 바란다.

① 가능한 한 간단하게 '문제는 …이다' 라는 문장을 만들어 본다. 예를 들면 자신이 소형 가구를 판매하는 회사의 최고 경영자라 가정하자. 영업부장이 안내서와 카탈로그의 질이 불량하여 매상이 떨어질 것이라고 보고해왔다 하자. 이럴 경우 문제를 다음과 같이 나타낼 수 있을 것이다. 즉 '문제는 인쇄부가 제작한 안내서와 카탈로그류가 통상의 품질수준에 미치지 못하는 데 있다' 라고 표현할 수 있다.

② '사실' 난에는 안내서와 카탈로그의 특징을 모두 적는다. 예를 들면 종이 질, 무게, 16파운드라는 식으로 적는다.

③ '문제점' 난에는 사실과 대응되어야 할 상태를 적는다.

④ 명확한 차이점이 있을 경우에는 차이점 난에 체크 표시를 한다.

이렇게 해서 문제점을 분석하면 사실과 문제점의 명확한 차이를 쉽게 알 수 있다. 이런 식으로 차이를 연구하면 문제의 원인을 찾을 수 있게 될 것이다.

문제의 분석

문제는 인쇄부가 제작한 안내서, 카탈로그가 통상의 품질 수준에 미치지 못하고 있다.

사 실	문제점	차이점
종이 무게 16파운드	20파운드가 아니다.	×
활자가 흐리다.	활자가 또렷하지 않다.	×
인쇄공 X가 담당	다른 사람은 담당하지 않았다.	
멀티리스에서 실시	다른 장치는 사용하고 있지 않다.	
잉크는 S타입	다른 잉크는 사용하지 않았다.	
최종 인쇄인 안내서 카탈로그가 영향을 받았다.	다른 인쇄에서는 영향을 받지 않았다.	×

문제의 원인은 무엇인가?

[도표 5-2]의 문제원인 분석표를 사용해서 문제원인을 찾아보도록 한다.

① 문제분석표에 불량한 점으로 기록한 것을 문제원인 분석표에 옮겨 적는다.

② 각각의 불량한 점에 대해 생각되는 원인을 기재한다.

③ 생각되는 원인에 관해 관계자에게 여러가지 질문을 해서 주원인을 추궁한다.

[도표 5-2] 문제원인분석표

문제 원인의 분석
(문제분석표와 함께 사용할 것)

불량한 점	생각되는 원인	이 유	이 유
종이무게 16파운드	최종 인쇄에서 20파운드 용지가 없었다.	1. 구매부가 16파운드 종이를 발주 2. 인쇄부가 적절한 판단을 하지 않았다.	재고부가 재고조사를 잘못했다.
활자가 흐리다.	종이 질이 불량 (상기 참고)		
최종 인쇄인 안내서, 카탈로그가 영향을 받았다.	최종 인쇄에서 불량 종이를 사용했다.	상기 참조	상기 참조

문제분석표, 문제원인분석표의 사용법을 설명하기 위해 간단한 예를 인용해 보았다. 경영간부가 이 방법을 사용하면 복잡한 문제의 특징을 분석하는 데 상당한 시간을 절약하게 될 것이다.

문제의 해결책은 무엇인가

경영간부가 직면한 문제의 대부분은 대체안에 관한 것으로 피터 드러커는 다음과 같이 서술했다.

"대체안을 동반하지 않은 의사결정은 설령 오랫동안 숙고한 것이라 해도 이것은 마치 도박꾼이 하는 의사결정과 같은 것이다. 의사결정의 과정에서 여러 대체안을 숙고하고 검토하였으면 대체할 만한 단서가 나온다. 경영간부가 이렇게 대체안을 준비하고 있지 않을 경우에는 문제가 생겼을 때 의사결정을 잘 내리지 못하게 되어 능력 없는 사람으로 보이게 되는 것이다.

경영간부가 문제분석을 단지 담당자 혼자서 하게 하는 일은 좀처럼 없으며, 반대의사를 가진 사람을 포함한 모두에 의해 문제를 분석하게 한다. 시간관념이 강한 경영간부는 반대의사를 가진 사람에게 대체안을 검토하도록 시킨다. 이런 사람은 중요한 문제의 기본에 눈을 돌리는 도구로서 견해의 차이를 활용하는 것이다.

문제해결안 분석표를 사용해서 각종 대체안을 열거해 본다. [도표 5-3]을 참고해주기 바란다.

① 문제의 원인을 결정하고 이것을 원인 난에 기입한다. 문제원인 분석표를 사용하고 있는 경우에는 원인은 판명되어 있다.

② 문제의 크기에 따라 문제해결의 대체안을 2~4개 또는 그 이

상 준비한다. 가능한 한 많은 편이 좋지만 최저 2개는 되어야
한다.

최선의 해결책은 무엇인가
대체안의 분석을 위해 [도표 5-3]을 참고해주기 바란다.

[도표 5-3] 문제해결안분석표

문제해결안의 분석

문제의 원인 #1	재고부의 실수
해결안 #1	최초의 실수가 일어나면 실수 및 이로 인해 일어나는 연쇄반응을 지적한다.
해결안 #2	재고부의 업무평가를 더 강화한다.
해결안 #3	직원의 책임감이 증가되도록 세미나를 실시한다.
문제의 원인 #2	인쇄부의 판단
해결안 #1	인쇄부에 재고용지가 부적합한 경우에는 보고하도록 한다.
해결안 #2	인쇄부의 업무평가를 더 강화한다.
해결안 #3	문제의 원인 #1의 해결안 #3과 동일함

대안의 분석과 문제의 해결

여러 대안 중에서 최선의 해결책은 판단력과 숫자를 사용해서 찾을 수 있다. 예를 들면 자신이 영업간부였다고 가정하자. 자신의 오른팔 격인 보좌직이 승진해서 그 후임이 필요하게 되었다 하자. 이럴 경우 최선의 해결안을 찾는 매트릭스(matrix)([도표 5-4])를 사용하고 리스트에 올라 있는 최우수 후보자 중에서 후임을 선정할 수 있다. 예를 들면 이 경우에는 다음과 같이 한다.

① '요건' 난에는 그 포지션에 필요한 자격요건, 즉 그 포지션을 담당함에 있어 필요불가결한 전문적인 자격요건을 기입한다.

② '희망조건' 난에는 그 포지션에 바람직하다 생각되는 조건을 가지고 있으면 그것을 열거한다. 그러나 이 조건은 절대적인 것은 아니다. 10점 기준으로 이것에 등급을 매긴다. 10점은 최고, 1은 최저점이 된다. 이 등급을 매긴 점수를 등급 난에 기입한다.

③ 3명의 우수 후보자를 선정해서 그 자격사항을 기입한다. 후보자 A는 경영관리학 학사증을 보유하고 있고 비서업무 경험 4년, 속기 스피드는 1분간 120자, 워드 입력 속도는 1분간 60자이다.

④ 희망조건(절대 필요조건은 제외)을 기입한다. 후보자 A는 거래처에서 4년간 근무경험은 있지만 판매경험은 없다. 표현능력은 우수하다.

제5장 의사결정을 내리는 시간관리 |

[도표 5-4] 최선의 해결안 매트릭스

최선의 해결안 매트릭스

요 건		후보자A	후보자B	후보자C
경영관리학사		학사	학사	학사
비서경험 3년		4년	5년	3년
속기 125		120	125	125
워드 입력 70		60	70	60
희망조건	등급	A	B	C
내근경험	5	4년	2년	1년
		⑩ 50	⑤ 25	② 10
매매경험	5	0년	3년	5년
		◎ 0	⑥ 30	⑩ 50
PR 특별능력	7	유	무	유
		⑩ 70	◎ 0	⑩ 70
합 계		120	55	130

※마이너스 요건

후보자 A : 워드 입력 스피드 −10

속기　　　　　　 −5

중요도　　　　　 1

일에 불충분할 가능성 2 = W2

후보자 C : 석사 교육 과다

불만으로 다른 적직이 있으면 바로 그만둘 가능성이 있다.

중요도 10, 가능성 7 = W70

⑤ 최초의 희망조건 난에는 그 희망조건을 가장 만족시키고 있
는 것에 10점을 주며 ○로 10을 둘러치고 등급 난에 기입한
다. 다른 후보자에 관해서도 희망조건에 관해 평가해 10점
기준으로 기입한다. 예를 들면 A후보자는 거래처에서 4년의
경험, B후보자는 2년의 경험, C후보자는 1년의 경험밖에 없
으므로 A후보자에게는 ⑩, B후보자에게는 ⑤, C후보자에게
는 ②를 경험에 대한 등급으로서 기입한다. 그 밖의 희망조
건에 관해서도 같은 절차로 평가한다.

⑥ 각 희망조건에 부여되고 있는 등급을 매긴 점수와 각 후보자
의 평가점(○속의 숫자)을 곱해 그 숫자를 빨간 글자로 소정
난에 기입한다. 예를 들면 A후보자의 근무경험은 ⑩이라 평
가되었고 근무경험의 급은 5이므로 ⑩×5로 50점이란 점수
가 되므로 빨간 글자로 50이라 기입한다. 각 후보자, 각 희
망조건에 관해 이와 같은 절차에 따라 각 점수를 산출 기입
한다.

⑦ 각 후보자마다 빨간 글자로 기입된 점수의 합산을 산출한다.

⑧ 마이너스 요건을 찾는다. 이 예로 C후보자가 숫자상으로는
최적격자이지만 마이너스 요건이 있어, 그 요건은 어느 정도
문제가 될 것인지 판단할 필요가 있다.

⑨ 두 명의 우수 후보자에 관해 마이너스 요건을 나열해본다.
이 예에서는 C후보자는 이 포지션에 있어서는 석사 자격증
의 보유자이기도 해서 조건을 불필요하게 가지고 있다고 생
각되었다 하자. 그럴 경우에는 이것을 마이너스 요건이라 기

입한다.

⑩ 각 마이너스 요건에 대해 중요도에 부응해서 10점 기준으로 등급을 매긴다. 최고 중요도를 10, 최저를 1로 한다.

⑪ 가능성을 10점 기준으로 계산한다. 가장 가능성이 높은 것을 10점, 가장 가능성이 낮은 것을 1로 한다.

⑫ 중요도와 가능성의 점수를 곱해 이것을 경계점(警戒点)이라 한다.

⑬ 경계점수를 숫자상으로만 판단하고 희망점을 찾아서는 안 된다. 균형잡힌 의사결정을 하기 위한 지표로 사용한다.

우선 순위의 분석과 결정

조지 L. 모리세이가 개발한 의사결정 매트릭스는 가능한 한 적은 시간으로 우선순위를 결정하는 데 활용할 수 있다. [도표 5-5]를 참조하기 바란다.

당신이 간단히 즉석에서 먹을 수 있는 레스토랑 체인회사의 마케팅 담당 간부였다 하자. 본사는 뉴욕에 있고 동부 각주에는 이미 프랜차이즈 점포를 내고 있으므로 이번에는 미국 전역에 걸쳐 시장을 확장하게 되어 프랜차이즈 점포를 확장하는 도시의 순위를 정하게 되었다 하자.

이럴 경우 프란차이즈 점포를 개점하고 싶은 도시의 리스트는 완성된다. 그리고 이미 시장 인구, 연방 및 주의 모든 규제 등에 관한 정보수집도 끝났으며 개점 후보지에 응용할 수 있는 체제가 되어 있다. 이럴 경우 의사결정 매트릭스를 사용하면 다음과 같이 된다.

① 의사결정 매트릭스에 후보지명을 각각 종란과 횡란에 기입
한다.
② 첫 번째 후보지와 두 번째 후보지를 대비 평가해본다. 첫 번
째가 두 번째보다도 양호한 경우에는 X표를 기입한다. 첫 번
째가 두 번째보다 바람직하지 못할 경우에는 두 번째 아래의
칸은 그대로 둔다.
이 같은 평가를 두 번째 이하의 후보지에 관해서도 비교해서
실시한다.
③ 두 번째 후보지에 관해서도 마찬가지로 다른 후보지와 비교
하고 그 밖의 후보지도 같은 일을 반복한다.
④ 각 후보지에 기록된 X표의 수를 합산해 표 하단의 횡란에 기
입한다.
또 하단의 횡란에는 무기입란의 합계를 기입해서 총계를
낸다.
⑤ 합계점이 가장 많은 후보지가 우선순위 1위가 된다.
⑥ 대체로 후보지의 득점합계가 같은 경우, 각각 재평가하고 우
선순위를 결정한다.

[도표 5-5] 의사결정매트릭스

의사결정매트릭스

	1 디트로이트	2 시카고	3 인디애나폴리스	4 마이애미	5 달라스	6 센트폴	7 피닉스	8 샌프란시스코	9 샌디에이고	10 포틀랜드	11 시애틀	12 호놀룰루	합계	
1 디트로이트				×		×				×	×		4	1
2 시카고				×		×				×	×		4	2
3 인디애나 폴리스				×	×	×				×	×		5	3
4 마이애미						×		×	×			×	4	4
5 달라스						×				×		×	3	5
6 센트폴											×		1	6
7 피닉스								×	×	×	×		4	7
8 샌프란시스코										×	×		2	8
9 샌디에이고										×	×	×	3	9
10 포틀랜드													0	10
11 시애틀													0	11
12 호놀룰루													0	12

	1	2	3	4	5	6	7	8	9	10	11	12
세로(흰 부분)	0	1	2	0	3	0	6	5	6	2	3	8
가로(X)······	4	4	5	4	3	1	4	2	3	0	0	0
총 계········	4	5	7	4	6	1	10	7	9	2	3	8
순 위········	7	6	4	7	5	10	1	4	2	9	8	3

행동으로 옮겨라

효과적인 의사결정을 빨리 하기 위한 열쇠는 주의를 요하는 문제(일탈, 대안 우선순위)에 대한 지식과 필요한 행동내용에 있다. 최종적인 의사결정을 하기 전에 행동을 취할 필요가 있을 경우가 있다. 경영간부가 취하는 행동에는 다음 종류가 있다.

일시적 행동: 문제의 원인을 알고 있지 않다든가 또는 시정행위를 취하는 것이 불가능한 경우에 취하는 행동이다.

예방적 행동: 문제를 일으킬 가능성이 있는 상황을 변화시키기 위해 취하는 행동이다.

예비적 행동: 제1의 계획에 실패한 경우에만 취해지는 행동이다. 위험도가 높은 경우에는 대안이 결정되어 있고, 필요에 따라 취하는 행동이며 준비되어 있는 행동이다.
예를 들면 어느 대회에서 예정된 강연자가 급히 못 나오게 된 사태가 발생할 경우 자신이 강연자로 대역을 맡도록 해둔다. 이런 경우 대역을 수행하면 예비적 행동을 취한 것이 된다.

실효를 거두는 의사결정

최선의 의사결정이라 하더라도 그것이 실효를 거두지 않는다면 의미가 없게 된다. 의사결정이 실효를 거두려면 의사결정과 관계가 있는 사람이 이것을 활용하려는 의사를 갖는 데 있다. 의사결정에 영향을 받는 사람에게 효과적으로 잘 이해시키는 방법을 소개한다.

① 의사결정에 의해 어떤 영향을 받을 경우에는 가능한 한 이 영향을 받는 사람들을 의사결정 과정에 참여시킨다. 이렇게 하면 보다 적은 시간으로 좋은 결정을 할 수 있다.

② 영향을 받는 사람들에게 의사결정을 하는 이유를 알려준다. 의사결정을 내린 이유를 알고 있으면 그들은 순순히 이 결정을 받아들이게 된다.

③ 의사결정의 영향을 받는 사람에게 자신이 의사결정에 영향을 주고 있다는 것을 알린다. 대부분의 사람은 자신의 의견이 인정받기를 원한다. 자신이 의사결정에 영향을 주고 있는 것을 알고 있는 사람은 적극적인 관심을 갖게 된다.

④ '당신의 의견을 말해보세요' 라는 방법으로 제안한다. 딱딱하게 표현하는 편이 더 효과적일 수도 있다.

⑤ 의사결정을 행동으로 옮길 때 건설적인 코멘트를 찾도록 한다. 의사결정의 영향을 받는 사람은 그것이 실행될 수 있도

록 도와줄 책임을 느낀다.

⑥ 의사결정에 영향을 받는 사람에게 어떤 이익을 가져올 것인
지 설명하면 보다 협조적이 될 것이다.

드러커는 다음과 같이 서술하고 있다.

의사결정을 내리는 것은 인간이다. 인간에게는 실패가 따르게
마련이다. 아무리 최선을 다해도 오래 계속되지는 못한다. 최선의
의사결정을 해도 그 의사결정이 잘못되어 있을 가능성도 크다. 최
선의 의사결정이라 하더라도 언젠가는 진부한 것이 되어 버릴 수도
있다.

위기관리

위기를 가장 잘 관리하는 방법은 위기에 직면하지 않도록 하는
것이다. 오늘 발생하고 있는 일은 이론적으로 말하면 지난 주 또는
지난 달 또는 1년 전에 계획한 것의 결과인 것이다. 스코틀랜드의
시인 로버트 번즈가 "생쥐와 인간이 만든 최선의 계획이라도 빗나
가기 일쑤다"라고 서술했듯이, 위기는 누구나 직면하는 현실이며
시간을 축내고 피할 수 없는 것이다. 어떻게 하더라도 위기상황에
직면할 수밖에 없다면 이 위기를 다음과 같은 방법으로 잘 극복해
야 한다.

① 즉석에서 의사결정을 해야 할 위기상황에 직면하면 이것을 적당히 회피하거나 타협하지 않도록 한다. 드러커는 다음과 같이 서술하고 있다.

"외과의사가 편도선과 맹장을 반만 수술하여 들어내는 경우와 전부 들어내는 경우 세균감염으로 쇼크를 일으키는 위험도가 같다. 그런데도 반밖에 들어내지 않아서 그 때문에 완전히 치유되지 않고 악화된다면 수술을 하거나 하지 않거나 마찬가지가 된다. 이와 같이 탁월한 의사결정자는 완전히 할 것인지, 하지 않을 것인지를 선택한다. 어중간한 의사결정은 하지 않는다."

위기상황에서는 중간의 의사결정 또는 대증요법적(對症療法的; 근본적이 아닌 표면상 증상에 의해 행하는 치료법)인 의사결정을 할 필요가 있는 경우가 있다. 그러나 위기상황이 끝나면 전체를 커버하는 최종적인 의사결정을 가능한 한 빨리 할 필요가 있다.

② 어떤 상황 속에 있으면 상황의 전체 윤곽을 파악할 수 없다는 것을 기억해둔다. 위기가 지나가고 나서 일보 후퇴해 비판적인 눈으로 검토해 본다.

▶ 위기를 초래한 원인은 무엇인가? 위기가 재발하지 않도록 철저하게 분석한다.

▶ 현재 주어진 상황에서 판단할 때 위기에 직면하면 반복되어서는 안 된다고 생각되는 것은 무엇인가? 두 번 같은 일을 반복해서는 안 되는 이유는 무엇인가? 그 대신

해야 했던 일은 무엇인가?

▶ 위기에 직면했을 때 했던 일로 혁신적인 동시에 효과적이었던 것은 무엇인가? 이 혁신적인 방법을 타 분야에도 활용해 시간을 절약할 수 없을까?

③ 큰 위기와 긴장상태에 대응하기 위한 수단으로는 자신감을 갖는 것이 좋다. 대개의 사람들은 어떤 위기가 발생하면 자신들이 가지고 있는 장점과 능력의 일부를 활용하는 데 지나지 않는다. 그리고 위기가 지나고 나면 자신이 사태를 잘 처리한 것에 깜짝 놀란다. 긴급사태나 위기에 단호한 결의를 가지고 문제를 바라보면 상상 이상으로 위기에 대응하는 능력을 자신들이 갖추고 있다는 것을 알 것이다.

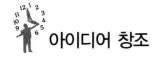

아이디어 창조

브레인스토밍(brainstorming)

모든 사람에게 아이디어를 내게 해서 나중에 최선책을 결정하는 방법이 브레인스토밍이다. 제출된 아이디어는 어떤 것이라도 비평을 가하지 않고 기억해둔다.

참가자는 타인이 낸 아이디어에 첨가한 아이디어를 낼 수도 있다. 아이디어를 내기 위해서 마련된 소정의 시간이 지나면 제출된 아이디어를 모두가 평가한다.

단독 브레인스토밍

이것은 앞에 서술한 브레인스토밍과 같은 것인데 혼자서 실시하는 것이 다르다. 뭔가 성가신 문제에 직면해서 이것을 해결하는 데 참신한 아이디어를 필요로 하는 경우, 잠자리에 들기 전 5분 내지 10분 정도 이 문제에 관해 생각해보는 것이다. 다음날 아침 옷을 입으면서 혼자서 브레인스토밍을 해보면 대개의 경우 자신의 잠재의식 속에서 의식 쪽으로 아이디어가 싹을 내민다.

문라이팅(moonlighting)

밤중에 잠을 자려다가 머릿속에서 아이디어가 떠올랐을 때에는 자려던 것을 잠시 멈추고, 그 아이디어가 참신하다고 생각되면 그것을 메모해둔다(침대 옆에 연필, 메모용지, 카드류를 놓아둔다). 그리고서 다시 잠들도록 한다.

역(逆)브레인스토밍

이 방법은 혼자라도, 그룹이라도 실시할 수 있다. 어떤 테크닉이나 제품을 개량하고 싶을 경우 그룹이 생각하는 모든 결점을 리스트에 올린다. 그리고 이 결점을 하나씩 짚어 브레인스토밍으로 개량방법을 찾는다.

해결책을 적어본다

문제가 해결될 조건을 한 줄 또는 두 줄로 적어본다. 이 조건을 실현하는 데 적극적인 노력을 집중한다.

5W 1H 방식을 사용한다

'누가, 무엇을, 어디서, 언제, 왜, 어떻게' 라는 질문을 문제와 해결책에 적용해 본다.

대체안을 찾는다

시스템과 절차가 잘 진척되지 않을 경우에도 대체안을 찾는 데 5W 1H 방식을 사용해본다. 예를 들면,

문제점 :

누가	집배원
무엇을	인수하러 왔을 때, 외부로 발송할 우편물을 인계할 수 없게 되어 있었다.
어디서	여러 부서에서
언제	오후 집배시
왜	인수가 너무 빨랐다.
어떻게	인수하러 온 후 사무실 직원이 집배원에게 우편물을 인계하는 데 시간이 허비되고 있다.

대체안 1 :

누가	집배원
무엇을	외부에 우송할 우편물을 인수할 수 있게 준비해둔다.
어디서	여러 부서에서
언제	오후 집배시

왜	현재와 같은 시각에 인수한다.
어떻게	처리시간의 단축을 위해 담당 요원을 한 명 충원한다.

대체안 2 :

누가	집배원
무엇을	외부에 발송할 우편물을 인수할 수 있게 준비해둔다.
어디서	여러 부서에서
언제	오후 집배시
왜	집배시간을 늦춘다.
어떻게	우체국의 인수 트럭이 회사로 오는 시간을 늦춰 집배원이 우편물을 바로 인수할 수 있도록 한다.

손익(損益) 체크

예전에는 목적이 있던 일도 시간이 경과됨에 따라 필요가 없어지는 업무가 있다. 또 예전에는 극히 단순한 절차라 생각되었던 것도 무척 복잡해서 시간을 낭비하게 되는 경우도 있다. 업무와 절차의 가치에 관해 다음과 같은 질문을 던져 체크해보면 좋을 것이다.

▶ 왜 그것을 하는 것인가?
▶ 그것을 함으로써 어떤 이익이 있는가?
▶ 그것을 하지 않으면 어떤 손해를 입는가?
▶ 다른 방법으로 함으로써 보다 많은 이익을 얻을 수 없을까?

의사결정을 하기 위한 조건

① 의사결정을 하기 전에 문제의 검토를 회의에 붙인다.

② 회의 시작 전에 문제를 명확히 분석한다.

③ 그러나 분석을 위한 분석의 희생이 되지 않도록 한다.

④ 편견, 호의, 선입견 등에 흔들리지 않는다.

⑤ 문제해결에 가장 적합한 테크닉을 사용한다.

⑥ 속단하거나 엄하게 문책하지 않는다.

⑦ 반대의견도 검토한다.

⑧ 사실을 증명하고 사실과 의견을 구별한다.

⑨ 숨겨진 문제를 발견하기 위해 눈앞에 보이는 문제의 이면을 본다.

⑩ 의사결정을 자신이 전문가로 성장하기 위한 기회라고 생각한다.

⑪ 의사결정의 대체안을 결정해둔다.

⑫ 의사결정 실행 후에 그 과정을 검토하고 의사결정을 반성해 본다.

⑬ 매일 아침 다음과 같이 기도한다.

"신이여, 자신이 변화시킬 수 없는 것을 받아들일 수 있도록 마음의 평화를 주십시오. 변화시킬 수 있는 용기와 잘못을 아는 지혜도 주십시오."

06

문서작성 시간관리

문장을 알기 쉽게 써라

알기 쉬운 문장은 쓰는 사람에게도 읽는 사람에게도 시간을 절약시킨다. 알기 쉬운 문장을 쓰는 습관이 생기면 짧은 시간에 보다 많은 문장을 쓸 수 있게 된다. 알기 쉬운 문장이란 문장이 짧고 간결하며 또한 힘이 있다는 것이다. 이런 문장을 쓰기 위해서는 문장을 쓰는 목적을 확실히 할 필요가 있다. 플라톤의 말을 인용하면 "현명한 사람은 뭔가 쓸 것이 있어 쓴다. 바보는 뭔가에 관해 써야 하므로 쓴다"라는 것이다.

자신이 직접 쓰거나 구술필기를 할 때에도 전체적인 아우트라인을 잡아보는 것이 중요하다.

① **생각한다.**

누가   읽는 사람을 가상해본다.

무엇을 전하고 싶은 것을 생각해본다. 편지 답장을 쓸 경우에는 회답할 편지의 핵심이 무엇인지 찾아낸다. 회답해야 할 중요 부분 또는 질문에 언더라인을 친다.

왜   왜 쓰는가? 씀으로써 무엇을 달성하고 싶다고 생각하는가? 문장의 각 절이 목표를 달성하는 데 조금이라도 도움이 되도록 한다. 문장을 씀에 있어 자신의 머릿속에서 쓰는 이유를 확실히 이해하여 쓰면서도 그 이유를 머릿속에서 잊지 않도록 한다.

② 리스트로 만든다.

자신이 표현하고 싶은 요점을 종이 또는 소형 카드에 포인트마다 요약해 리스트로 만든다.

③ 배열한다.

자신이 표명하고 싶은 포인트를 논리적인 순서로 배열하고 당돌한 말은 삭제한다. 혼란한 편지가 되는 주된 원인의 하나는 나중에 생각난 점을 논리적이지 않은 장소에 삽입하는 데 있다. 둘 이상의 주제에 관하여 쓸 경우에는 하나의 주제를 완결하고 나서 다음 주제로 옮겨가도록 한다.

주의사항: 하나의 편지에서 몇 개의 주제를 거론해서는 안 된다. 읽는 사람은 가장 관심 있는 부분에만 주의를 기울이고 나머지 부분에는 주의를 기울이지 않거나 부담감으로 대충 읽게 된다.

앞에 서술한 3가지를 지키면 문장의 아우트라인이 잡히고 알기 쉽게 기록하게 된다. 즉 짧고 간결하고 힘 있게 쓰게 된다.

짧게 쓰기

주제를 너무 많이 넣어 읽는 사람에게 부담을 느끼게 하지 않도록 하고 전달 내용을 명확히 하기 위한 중요정보를 넣는 것을 잊지 말도록 한다. 문제의 아우트라인을 세심하게 세우면 페이지 수가 줄어들 것이다. 1페이지의 서류는 2페이지, 3페이지, 또는 4페이지의 서류보다 빨리 읽을 수 있으며 이해하기도 쉽다. 두서없는 내용을 잘 편집하면 주제에 알맞은 페이지 수가 된다. 다음 사항에 주의하면 군더더기 문장과 시간을 절약할 수 있다.

① 불필요한 주제를 반복해 쓰지 않는다. 어떤 편지에 대해 답장을 쓸 경우에 상대가 보내온 편지 속에 이미 써 있는 내용을 반복하지 않는다. 또한 전번에 쓴 편지내용에 관해 반복하지 않는다. 통상 답장을 쓰고 있는 편지에서 편지를 받았다는 언급을 할 필요가 없다. 답장을 쓰는 것 자체가 상대의 편지를 받았다는 것을 확인하고 있는 것이므로 편지의 수령에 관해 확인해 주고 싶을 경우에는 편지에 대한 감사의 인사와 함께 쓴다. 예를 들면 '…보내 준 편지 고맙게 받았습니다' 라든가 '편지받고 기뻤습니다' 라는 식으로 쓴다. 필요한 참고정보는 본문에서 언급하지 말고 페이지의 상단 참고란에 쓰도록 한다.

② 지나친 수식어나 표현은 피한다. 예를 들면 '절대로 완전' 이라 쓴 경우 '절대로' 라는 말은 필요하지 않다. '완전' 만으로 완전한 뜻이다. 또 하나 예를 들면 '틀려서 잘못 기재했다' 라는 표현에서는 틀리게 했기 때문에 기재의 잘못을 범했다는 뜻이며 '틀린 기재' 로 서술하면 충분하다.

③ 동사와 구의 의미가 같은 경우에는 동사로 표현한다. 가능한 한 직접적으로 말하며 긴 표현은 쓰지 않는다. '의사결정에

도달했습니다' 라는 표현은 '결정했습니다' 로 충분하며 '설명회를 실시했습니다' 는 '설명했습니다' 로 충분하다.

④ 의미가 없는, 말하지 않아도 좋은 말이나 단어의 사용을 피한다. 문장 중의 '합계 600달러를 이 프로그램을 위하여 지출하여야 한다고 믿고 있습니다' 라는 문장에서 밑줄을 친 말은 없어도 되는 군더더기이다. '이 프로그램에 600달러 지불할 것' 이라 표현하면 보다 직접적인 표현이 되며 또한 간결한 문장이 된다.

⑤ 반복을 피한다. 쓰는 사람이 강조해 쓰고 싶은 것도 자꾸 반복하면 읽는 사람에게는 지루하고 그 의도를 상실해버리고 만다. 우선 서두에 포인트를 명확히 서술하는 것이 중요하다.

⑥ 문장의 뜻을 이해시키는 데 필요하지 않는 한 형용사와 부사를 피한다. 형용사와 부사는 햄버거 속에 누들을 넣은 것같이 문장을 늘리는 것밖에 되지 않으며 문장의 본뜻을 파악하는 데 더 난해하게 될 경우가 있다.

간결함

읽기 쉬운 문장인가를 테스트하는 방법이 여러가지 개발되어 있는데, 그 중 루돌프 후레슈 씨의 공식과 로버트 카닝 씨의 지표(指標)가 가장 널리 사용되고 있다. 많은 신문사와 잡지사에서 문장을 일반인이 쉽게 읽을 수 있게 이 방법을 쓰고 있다. 문장을 간결하게 써서 시간을 절약하는 방법을 소개한다.

① 애매하게 쓰지 않는다. 예를 들면 '보고서의 제출기한은 3일 지연되었다고 오늘 그는 말했다' 라는 문장의 경우, 이 의미는 오늘 그렇게 말했을 뿐인지 오늘 현재 3일 지연되어 있는 것인지 확실하지 않다. 처음에 쓸 때 의미를 확실히 해서 쓸 필요가 있다.

② 읽는 사람이 틀림없이 이해하리라는 확신이 없는 한 전문적 용어의 사용은 피한다. 또 극단적인 약어도 마찬가지로 피한다.

③ 형식에 너무 치우치지 않는다. 편지의 서두와 말미에 고어(古語) 형식 용어를 쓰는 것은 이미 과거가 되었다.

④ 회화체로 쓴다. 회화체 문장은 보다 빨리 읽을 수 있다. 앞에서 말했듯이 비즈니스에서는 문장을 간결하게 해도 된다.

⑤ 다음과 같은 지루한 말과 표현은 피한다.

'거절하지 말고 알려주시옵소서' 는 '알려주십시오' 로 충분하다.

'배려를 받자와' 는 '부디' 로 한다.

'다음 목적을 위해서' 는 '… 위해' 로가 좋다.

'다음과 같은 사정에 비추어' 는 '… 이유에 의해' 라든가 '… 때문에' 로 한다.

⑥ 흔히 쓰이는 말인가 잘 쓰이지 않는 말인가를 선택할 여유가 있을 경우에는 흔히 쓰이는 말을 사용한다. 또 짧은 말과 긴 말 중에서는 짧은 말을 사용한다.

⑦ 긴 문장보다 짧은 문장을 쓴다. 낱말이 21개 이상이 되는 문

장은 쓰지 않는다.

⑧ 구절은 짧게, 한 페이지당 3절 내지 4절로 끝낸다. 구절 속의 포인트를 명확히 하고 문장의 첫머리에 구절 속의 포인트를 먼저 표현한다.

⑨ 구절과 구절을 자연스럽게 연결한다. 전달하려는 내용에 계속적인 흐름이 있도록 노력한다. 계속성은 다음과 같이 연결할 수 있다.

㉠ 앞의 구절의 마지막 부분에 사용했던 단어, 말 또는 의미를 다음 구절의 첫줄에 반복한다.

㉡ '따라서' '그럼에도 불구하고' '그래서' '또' 같은 접속사를 사용한다.

⑩ 항목이 7, 8개에 이르는 경우는 정리해서 도표로 하면 읽는 사람의 시간을 절약시킬 수 있다. 이렇게 하면 읽는 사람의 기억에도 오래 남게 된다.

강한 문장

강한 문장은 사람의 강한 성격과 닮았다. 강한 문장은 사람에게 자극을 준다. 읽는 사람이 쓰는 사람에 대해 믿음을 가지면 보다 좋은 반응을 얻을 수 있다. 강한 문장을 쓰려면 다음 사항을 참고하면 도움이 될 것이다.

① 구체적으로 표현한다. 읽는 사람이 쓰는 사람의 생각을 머릿속에서 그릴 수 있게 쓴다. 예를 들면 단지 '외국 자동차'라

쓰지 말고 '0000년 형의 푸른색 폭스바겐' 이라는 식으로 표현한다. 자신이 그 말을 쓸 때 머릿속에서 그린 것과 같은 것을 읽는 사람이 묘사할 수 있다면 읽는 사람은 전달되는 내용을 더욱 빨리 이해할 수 있게 된다.

② 적극적인 말을 쓴다. 막힘없는 톤으로 문장이 흐르면 읽는 사람은 그 문장에 신뢰를 갖게 된다. 예를 들면 '오늘 이사회가 개최될 예정입니다' 라고 하는 것과 '오는 오후 1시부터 이사회가 개최됩니다' 라는 것과 어느 쪽 문장이 강하다 할 수 있을까?

③ 사실을 우회해서 암시하는 표현은 피한다. 예를 들면 '···같이 생각된다' 든가 '···을 암시하고 있는 듯이 보인다' 라는 표현이다.

④ 문장의 구성을 나눠 대응시킨다. 다음 두 문장을 비교해 보기 바란다. 문장의 구성을 나눠 하나의 문장 속에서 두 가지 생각을 대응시켜 설명함으로써 문장이 힘을 갖게 된다.

- 우리들이 추구하고 있는 개혁으로 부동산세가 낮아지고, 동시에 학생들에게 교육계획의 실시에 필요한 보다 적정한 예산을 주려는 것이다.
- 우리가 추구하고 있는 개혁에 의해 부동산세는 낮아지게 된다. 그리고 동시에 학생들에게 교육계획 실시에 필요한 보다 적정한 예산을 주려는 것이다.

⑤ 문장구성에도 적극적인 표현을 쓴다. 다음 ⓐ, ⓑ 두 문장을 비교하고 어느 쪽이 힘이 있는지 비교해 보기 바란다.

ⓐ 그는 위원회에 늦는 일은 거의 없다.

ⓑ 그는 통상 위원회에 시간을 지켜 출석한다.

ⓐ 그는 위원회가 도움이 된다고는 생각하지 않는다.

ⓑ 그는 위원회가 도움이 되지 않는다고 생각한다.

⑥ 문장을 명확하게 하고 동시에 문장에 힘을 강하게 하기 위해 구두점은 충분히 사용할 필요는 있지만 필요이상으로 사용하지 않는다. 구두점의 사용으로 문장이 명확히 된다면 사용하고 그렇지 않을 경우에는 쓰지 않는다.

 긍정적인 문장을 써라

분노가 극에 달한 내용의 편지를 쓸 필요가 있다고 느끼는 경우가 있다. 그러면 스포츠교실에 가서 기진맥진할 때까지 운동을 하거나, 책상을 치거나, 사무실 주위를 몇 번 달리거나 하는 식으로 자신의 분노를 참는 방법을 찾는다. 책상에 앉아 구술기록을 시작할 때에는 감정을 가라앉히고 자신의 분노로 인해 나오는 다음과 같은 표현은 억제하기를 권한다.

① 비난하는 말. 예를 들면 '당신은 …라고 주장하고 있다' (읽는 사람 편에서는 부당한 것을 말하고 있으므로 쓰는 사람이 비난하고 있다고 느낄지도 모른다)라는 표현은 피한다.

② 위험신호적 표현. 예를 들면 '30일 이내에 나머지 대금을 지

불받는 조건으로 귀하의 주문품을 발송합니다.' 이런 표현은 좀더 우호적인 분위기의 말로 표현할 수 있다. '조건으로' 라든가 '난처합니다', '이미 통지한 것같이' 라는 말은 편지를 받는 사람이 초등학교 5학년 정도 수준의 지능밖에 안 된다고 하는 것같이 받아들일 수 있다.

③ 부정적인 표현. '불가능' '할 수 없다' '늦어진다' '거부한다' 는 말은 일반적으로 환영받을 수 없는 말이다. 긍정적인 표현을 사용하면 이런 말은 피할 수 있다. '토요일과 일요일은 공장을 가동하지 않으므로 견학할 수 없습니다' 라는 표현은 좋지 않은 통보가 되지만 '평일 8시부터 5시까지는 어느 요일이나 공장견학을 할 수 있습니다' 라는 표현은 좋은 통지가 될 것이다.

예일대학의 심리학부는 영어 중에서 가장 설득력 있는 12개 말로서 다음의 것을 들고 있다.

당신, 돈, 저축하다(절약하다), 새롭다, 용이한, 사랑('좋아하다'), 발견(알다), 결과, 건강, 증명되다, 보증하다, 자유 등이다. 이런 증명된 말들을 자유롭게 사용할 수 있으면 시간관리에 크게 도움이 될 뿐만 아니라 새로운 고객을 만들게 되고 당신의 건강에도 도움이 된다.

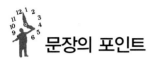 **문장의 포인트**

편지를 쓰거나 또는 구술필기를 할 때 어떤 포인트를 강조하고 싶은 경우가 있다. 포인트를 강조하고, 읽는 사람이 그 포인트에 주의를 기울이게 하는 방법을 소개한다.

- 간결한 문장으로 쓴다.
- 적극적인 표현을 쓴다.
- 한 구절, 한 문장으로 쓴다.
- 강조하고 싶은 포인트로 시작해 강조하고 싶은 포인트로 문장을 끝낸다.
- 특정한 동시에 구체적인 명사를 사용한다.
- 도표화한다.
- 문장의 주제로 한다.
- 그렇게 하지 않으면 안 될 것 같은 분위기를 문장 속에 만든다.
- 중요하다고 분명히 표명한다.
- 강조하고 싶은 포인트를 반복한다.
- 강조하고 싶은 포인트와 읽는 사람을 연결해서 표현한다.

때에 따라서는 어떤 주제를 가볍게 다루고 싶을 경우가 있다. 읽는 사람에게는 불쾌해질 것 같지만 꼭 전달해야 할 경우도 있다. 이런 좋지 않은 통지를 잘 전달하는 방법을 소개한다.

- '…할 수 있다면 좋을 텐데 유감으로 생각합니다' 라든가 '아마 …하겠지요' 라는 식으로 가정법으로 표현한다. '그 회의에 참석할 수 없습니다' 라는 표현보다 '그 회의에 출석할 수 있으면 좋을 텐데 유감스럽게 생각합니다' 라고 한다.
  '규정상 당신에게 돈을 돌려줄 수 없습니다' 라고 쓰는 것 대신에 '11월 10일까지 규정이 취소된다면 당신에게 돈을 돌려줄 수 있습니다' 라고 쓴다.
- 수동형으로 표현한다.
  '계산서에서 3개의 오류를 범하였다' 라고 하기보다 '계산서에 3개의 오류가 발견되었다' 라는 식으로 표현한다.
- 두 문장을 서로 종속시켜 표현한다.
  '다음 일요일에는 재고조사가 있으므로 출근해야 한다. 일요일 근무의 초과시간 근무수당은 평일의 3배가 된다' 라는 표현 대신에 '전종업원은, 재고조사가 있으므로 다음 일요일은 근무하게 되는데 일요일 근무의 초과수당은 평일의 3배가 지불됩니다' 라는 식으로 표현한다.
- 주어로 시작하는 문장으로 표현한다.
  '신체검사를 채용에 앞서 취업신청자는 받게 되어 있습니다' 라고 쓰는 대신에 '취업신청자는 채용에 앞서 신체검사를 받게 되어 있습니다' 라고 표현한다.

편지 쓰기의 기본원칙

편지를 크게 나누면 다음의 어느 것인가에 해당된다. 즉 수락편지, 독촉편지, 거절편지의 세 종류로 나눠진다.

수락편지
수락편지는 읽는 사람이 듣고 싶어하는 것을 전달하는 것이며, 읽는 사람에게는 반가운 통지이다. 읽는 사람이 희망한 것에 대한 긍정적 정보가 될지도 모른다.

첫째, 읽는 사람을 즉석에서 기쁘게 해 준다.
둘째, 읽는 사람이 좋은 소식에 관해 품을지 모르는 의심을 제거한다.
셋째, 기쁜 문장으로 매듭짓는다. 읽는 사람에게 자신도 이 기쁨을 함께 하고 있다는 것을 알린다.

독촉편지
독촉 편지는 뭔가 행동을 일으키도록 읽는 사람을 설득한다. 청구서의 지불을 요구한다든가 앙케이트에 회답해달라든가 물건을 사달라든가 자신과 똑같이 생각해달라든가 하는 내용의 편지이다. 판촉용 편지라든기 캠페인용 편지는 독촉편지의 좋은 예이다. 이 경우에는 다음 사항에 주의한다.

첫째, 읽는 사람의 주의를 끌어 계속 읽도록 한다. 그러기 위해서는 읽는 사람의 관심에 직접적인 질문을 우선 던진다. 편지의 주제 및 목적을 잘 생각해본다. 읽는 사람에게 설득시킬 요점을 먼저 앞쪽에 작성하고 나서 읽는 사람의 관심사를 쓴다. 또 읽는 사람에게 자신과 함께 생각해 봐 주기 바란다는 내용을 넣는다.

예를 들면 자신이 어떤 지역의 사교클럽의 회장직을 맡고 있는데 어느 회의를 하는 날에 주지사가 그 지역을 방문하리라는 것을 알았다 하자. 그래서 그 주지사를 출석시켜 클럽 회원에게 비공식으로 뭔가 이야기를 해주었으면 하고 생각했다 하자. 이 경우 주지사에 대한 질문내용은 이렇게 된다. "시간을 한 시간만 내어 ○○지구(예를 들면 사교클럽이 있는 지역)의 유력자 여러분들과 비공식으로 이야기를 나누시는 것은 의의가 있다고 생각지 않습니까?" 이런 질문이라면 한 시간의 여유가 없더라도 정치가는 적극적으로 반응하게 될 것이다.

직접적인 표현으로 주의를 환기시킬 수도 있다. 예를 들면 "우리들이 행하고 있는 정례 오찬회에는 최소 천 명의 유권자를 대표하는 사람들이 출석하고 있습니다."

때에 따라서는 명령조의 문장이 주의를 환기시킬 수도 있다. 예를 들면 "오찬회에 참가하여 11월에 투표 의결될 당신의 제출안에 관해 우리들에게 설명해주시기 바랍니다라"는 투이다. 설득에 사용하는 명령조의 문장에는 부정적이 아닌, 긍정적인 표현을 사용하는 것이 중요하다.

둘째, 사실을 서술한다. 앞의 예에서는 사교클럽 이름, 회합 장소, 일시, 출석자 수(회원 및 타출석자) 등을 서술하여야 한다.

셋째, 읽는 사람이 받을 이익에 대해서도 서술한다. 예를 들면 "출석해주시면 우리들에게 영광이고, 당신이 준비하고 있는 중요 법안을 우리들에게 설명해주시면 우리들이 품고 있는 의문점을 해명할 절호의 찬스가 되리라고 생각됩니다"라고 쓴다.

넷째, 이쪽의 요망에 대해 신속하게 회답을 받을 수 있는 문장으로 끝맺는다. 예를 들면 "당신의 회답의 결과를 멤버들에게 전달하겠습니다. 이번 회합에는 다수의 출석자가 있으리라 기대됩니다"라는 식이다.

거절편지

거절 편지에는 좋지 않은 통지가 씌어 있다. 즉 읽는 사람이 듣고 싶지 않은 정보가 들어있는 것이다. 이런 경우에는 다음 사항에 유의한다.

첫째, 쓰는 사람도 읽는 사람도 함께 동의할 수 있는 중립적인 내용으로 문장을 시작한다. 앞에 든 예에서 자신이 주지사였다 하자. 회합에 초대해 준 클럽의 요망에 응할 수가 없게 되었다고 하자. 이럴 경우 문장을 다음과 같이 시작한다. "00클럽 여러분과 만날 수 있게 초대해 주셔서 감사합니다. 확실히 00시(市)의 유력자 여러분들과 저의 생각에 관해 이야기할 수 있는 대단히 좋은 기회라 생각합니다"라고 쓴다.

둘째, 좋지 않은 소식을 알리게 된 이유를 가능한 한 충분히 설명한다. 주지사의 입장에서 다음과 같이 서술하는 것도 가능하리라 생각한다. "저의 00시 방문 일정은 극히 한정되어 있습니다. 월요일 아침 늦게 도착해서 화요일 저녁시간까지는 수도로 돌아와야 합니다. 월요일, 화요일 양일간은 종일 위원회의 공청회에 출석해야 합니다. 점심 휴식시간도 없어서 도시락을 지참하게 되어 있습니다."

셋째, 좋지 않은 소식을 알린다. 앞의 예에서 표현하면, "따라서 대단히 유감이지만 00시 출장 때에는 00클럽 여러분과 만날 수가 없겠습니다"라고 서술한다.

넷째, 만일 가능하다면 대체안을 서술한다. "가을에는 00시를 다시 방문할 예정이므로 그때 초대해주신다면 대단한 영광이겠습니다. 일단 가을에 만날 것을 예정해두고 귀지 방문일시가 결정되면 통지해 드리겠습니다"라고 쓴다.

다섯째, 끝맺음 인사를 한다. "00클럽 여러분에게 안부 전해주시기 바랍니다. 귀 클럽의 활동목적에 관해 잘 알고 있으며 또한 경의를 표합니다"라는 식이다.

 ## 문서작성 시간을 줄이는 방법

손으로 쓰는 것과 속기

경영간부 중에는 손수 써서 비서나 오퍼레이터에게 입력시키는 방법을 좋아하는 사람이 있다. 정부에서 사용하고 있는 서류작성 요령에 의하면 속기가 생산적이라고 한다. 연구결과에 의하면 속기로 서류를 작성하는 것이 손으로 쓰는 것에 비해 4배의 스피드가 있다고 한다. 손으로 쓰고 그것을 오퍼레이터에게 입력하도록 하는 경우에는 구술필기를 시험해보도록 권하고 싶다. 훈련을 쌓으면 시간이 절약되는 것을 알게 될 것이다.

녹음기와 구술필기 이용

녹음기를 향하여 구술하기를 좋아하는 경영간부가 많다. 누군가가 자신의 앞에 앉아 있지 않는 편이 자신의 생각을 종합하여 잘 표현할 수 있다는 것이다. 녹음기를 사용하면 다음과 같은 점에서 시간이 절약된다.

① 자신도 어시스턴트도 따로따로 활동할 수 있다.
② 양자 다 독립하여 가장 생산적인 시간을 낼 수 있다.
③ 녹음기를 멈추고 뭔가 생각이 떠오를 때 구술할 수 있다.

한편 전문적인 비서를 써서 구술필기를 하는 것을 좋아하는 경영간부도 있다. 시간을 잘 활용하려는 생각을 가진 비서가 있을 때는 구술필기가 유용하다고 생각한다. 게다가 비서를 반향판으로 활용할 수도 있다. 비서에게 자신이 구술한 문장표현에 관해서의 의견을 들어볼 수도 있다. 비서와의 팀워크가 잘 되고 있다면 비서는 구술한 문서의 표현에 관해 솔직한 의견을 말해 줄 것이다. 유능한 비서라면 구술자가 생각을 서술하는 데 적절한 말이 생각나지 않을 때는 도와주며 그 문서의 사본을 누구에게 보내 도움을 받으면 좋을지도 제안해 줄 것이다.

비서의 활용법

녹음기를 향해 구술하든가 사람을 향해 구술하든가 어느 쪽을 선택하든지 비서는 구술필기에 필요한 시간을 절약하는 데 도움이 된다. 비서를 다음과 같이 활용한다.

① 정례(定例)적 문서 수발은 비서의 책임으로 한다.
② 수취한 문서 끝에 메모를 해 이 메모를 보고 비서가 답장을 쓰도록 한다.
③ 까다로운 문서는 비서에게 초안을 작성시키게 한 뒤 이것을 검토하고 수정하도록 한다.
④ 수신서류를 누군가 다른 사람이 회답할 수 있는 것, 자신이 회답해야 되는 것 등으로 분류하도록 한다.
⑤ 비서에게 수신서류에 필요한 정보를 첨부하도록 한다. 이렇게 해 두면 구술필기를 할 경우에 필요한 것이 함께 있어 전에 수취한 문서와 리포트를 가져오게 하는 시간을 절약할 수 있다.
⑥ 수신서류를 읽는 시간을 절약할 수 있게 관련 있는 부분에 언더라인을 긋도록 비서에게 시킨다.
⑦ 특히 의미를 확실히 구분할 필요가 있는 경우를 제외하고 구술필기를 할 때에는 구두점을 찍을 장소를 자신이 지적하지 말고 비서에게 구두점을 정확히 찍도록 시킨다.

⑧ 비서에게 문서의 서명을 대행시킨다. 자필서명이 필요한 극비서류 또는 법률적 서류에만 자필로 한다.

⑨ 잘못된 곳을 찾을 목적으로 구술한 문서를 다시 읽어보지 않는다. 비서를 잘 교육시켜 잘못된 곳을 고치는 책임을 지도록 한다.

⑩ 자신의 서류에 대해 급히 회답을 받을 필요가 있을 때에는 서류 하단에 다음과 같은 내용의 고무인을 만들어 도장을 찍는다. "시간을 절약하기 위해 이 서류의 사본을 동봉합니다. 사본 뒤에 간단히 답장을 써 주시면 됩니다." 그리고 발신에 앞서 비서에게 카피를 시킨다.

비서의 시간절약을 돕는 방법

① 구술속기를 할 경우 어느 문서에 우선적으로 회답할 것인지 구술을 시작함에 있어 우선순위를 정한다. 우선순위가 높은 순으로 분리한다.

② 구술필기가 끝나면 구술에 관련했던 서류는 비서에게 건넨다. 비서가 수신인과 수신인 주소를 찾는 시간을 절약할 수 있으며 수신인과 수신인 주소를 구술하는 시간도 절약할 수 있다. 비서는 관련서류 파일이 곁에 있으면 속기록 속에서 모르는 말과 녹음기에서 알아듣기 힘든 말을 이해하는 데 도움이 된다. 또 구술한 숫자를 다시 한번 확인할 수도 있다.

③ 구술기록을 시작하기 전에 관련서류, 사본 수, 우편물의 종류에 관해 확인한다.

④ 녹음기를 사용할 경우에는 구술한 서류에 관해 녹음된 시간
을 기록해둔다.

구술필기의 요령

① 구술하기 전에 자신이 말하고 싶은 것을 머릿속으로 정리한
다. 구술필기에 익숙해 있지 않을 경우에는 미리 아우트라인
을 간단히 메모해둔다.
② 천천히 구술하고 정확히 발음한다.
③ 속기자와 속도를 조절한다. 속기자의 스피드가 너무 늦어 사
고(思考)가 이어지지 않는다고 판단될 때에는 속기의 속도를
개선하도록 시키거나 또는 더 능력 있는 속기자로 바꾼다.

문서 수를 줄이는 방법

비즈니스 문서는 기록해 두지 않고도 끝나는 것들이 많다. 문서
는 작성하거나, 배포하거나, 읽거나, 처리하는 목록을 만들어 묶는
데에도 시간이 걸린다. 파일을 하면 몇 년 사이에 파일한 서류를 처
리하는 데 또 누군가의 시간을 빼앗게 된다. 다음 문서는 실제로는
파일해 두지 않아도 좋은 것들이다.

① 중요한 목적이 없는 문서, 예를 들면 문서의 수령을 확인하
고 '나중에 답장드리겠습니다' 라는 취지의 편지는 쓰지 않

는다. 단지 수령을 확인하는 데 그치지 말고 즉각 답장을 쓰는 편이 좋다.

② 한 번 문서로 보내면 끝날 정보를 적은 문서.

③ 명함을 넣어두면 끝나는데 일부러 작성한 커버링 레터를 사용한 문서.

④ 전화로 끝낼 문서.

⑤ 메모를 쓴 것으로 끝나는 것을 워드로 입력한 문서. 수취한 문서에 메모를 써서 돌려보내면 그것으로 충분한 경우가 있다. 파일용으로 카피가 필요하면 카피를 복사기에 넣으면 된다.

⑥ 우편엽서로 끝날 것을 일부러 편지로 한 것.

⑦ 회람용 메모를 붙여 회람하면 끝나는 것을 일부러 그것 때문에 작성한 서류.

⑧ 메모를 별첨하면 좋을 텐데 일부러 작성한 문서.

⑨ 같은 정보를 내용으로 하는 정례적인 서류로 중복해서 몇 번이나 쓴 것. 양식화한 안내장은 시간을 절약시킨다.

 시간활용을 위한 소도구

시간을 절약하는 명함

경영간부에게 명함은 필요한 것이며 회사가 만들어주지 않으면 자신이 만들어 가질 필요가 있다. 명함은 직업상의 이미지에 영향을 줄 뿐만 아니라 시간을 절약하기 위한 소도구이기도 하다.

① 명함을 표제 대신으로 사용할 수 있는 경우가 때때로 있다. 서류와 화물을 보낼 때 명함을 동봉한다. 받는 사람은 누가 보낸 것인지 또 연락처가 어딘지를 금방 알 수 있다.

② 고객과의 관계에서도 명함을 활용할 수 있다. 예를 들어 캄록사(社)에서 제품 카탈로그의 송부청구를 받게 되었다. 캄록사는 새로운 고객을 얻는 데 관심은 있지만 일일이 카탈로그 청구에 답장을 쓸 시간이 없다.

그래서 카탈로그 청구에 대한 송부안내서를 인쇄해서 그것에 명함을 끼울 공간을 마련하도록 고안했다. 송부할 카탈로그에 이 안내서를 첨부한다는 것인데, 만일 카탈로그 청구자가 전에 만난 적이 있는 사람인 경우에는 송부안내서 끝에 한두 줄의 메모를 써 넣어 친밀함을 나타내도록 하고 있다. 이 메모는 "다시 뵙게 되어 감사합니다"라는 식이다. [도표 6-1]을 참조하기 바란다.

③ 명함을 교환함으로써 상대의 이름과 주소, 전화번호를 기록하는 시간 또는 누군가에게 기록시키는 시간을 절약할 수 있다.

미팅의 상대편은 곧 필요하지 않을 경우에는 손으로 쓴 메모 같은 것은 보관해두지 않는 것이 보통이지만 인쇄된 명함은 일반적으로 빠짐없이 파일해 장래에 필요할 때 꺼내 이용할 수 있게 남겨두는 것이 일반적이다.

[도표 6-1] 명함을 넣은 카탈로그 송부 안내서

CAM · LOK의 제품에 관심을 가져주셔서 감사합니다.
캄 · 록은 다음과 같은 타입의 전기접속기 배선장치를 제공하고 있습니다.

- 싱글 · 콘텍터 · 코넥터
- 안전 인터폰 · 코넥터
- 하이앰프 안전 코넥터
- 멀티 · 핀 코넥터
- 엠 에스 · 몰드 투케블 · 코넥터
- 액 웨딩 · 세프티 터미널
- 액 웨딩 · 일렉트로드 홀더
- 밧테리 · 코넥터
- 푸슈 · 버튼 · 스테이션

안전제일의 제품
탁월한 기술
고품질의 제품
1925년부터 산업계에서 활동 중

cam · lok
전기 접속기, 배선제조

엠파이어사 사업부
10540 체스타로드
신시내티 오하이오주 45215

윌리엄 · J · 에반스
판매대리자

샌프란시스코 오피스
P∩ Box 6265 산타 · 로저 캘리포니아 (707)539-7593
스포겐 오피스
Box 102A B2 하리슨 마이더호주 (208)664-4386

회람용 메모

회람용 메모지는 시간을 잘 관리하는 소도구라 생각된다. 특정의 조직과 부서의 요구에 맞춰 만든 메모지가 가장 도움이 된다. 교육관계 조직에서는 대량의 간행물을 수취하는데 그 중 대부분은 여러 부서에 회람되기 때문에 여러 종류의 메모지를 만드는 것보다는 한 종류의 메모지를 쓰는 것이 현명하다.

여러 종류의 메모지를 쓰게 되면 간행물이 없어지거나 어딘가에서 정체되거나 회람해야 될 어느 부서를 통과해버리는 경우도 있게된다. 누군가가 간행물 속에서 읽은 논문을 다시 한번 참조하고 싶다고 생각해도 그 간행물이 어느 장소에 있는지 모를 수가 있다. 또한 불필요한 간행물은 대량으로 파일되어 있는데 귀중한 참고자료는 분실된 상태로도 있을 수가 있다. 그러나 이런 일은 전 간행물에 대해 한 종류의 메모지를 사용하면 해결된다.

[도표 6-2]는 일종의 회람용 메모지이다. 독자에게 사용이 편리한지 그렇지 않은지는 각자의 요구에 따라 수정하면 된다. 회람용 서류와 간행물을 대량으로 취급하고 있는 조직의 문제 대부분을 해결할 아이디어를 다음에 소개한다.

① 회람용 메모지는 뒤에 아스테이지가 붙은 카피가 되는 종이에 인쇄해두든지 아스테이지를 끼워 쓸 수 있게 해둔다. 메모지를 붙여서 회람물을 발송한 부서는 회람이 완료되든가 또는 사용하지 않게 되어 처리할 때까지 이 메모지의 원본을 보관해둔다.

[도표 6-2] 회람용 메모

회람용 메모

아메리카 공구 대메이커지
(회람하는 책자의 이름)

8월 19일   A.A.T. &.D
(발행일자)   (발간자)

발행부서 R. J. 스미스   발행일 8월 1일

수취인

순서	수취인	사인	발행일
1			
1-1			
1-2			
2			
2-1			
3			

최종 회람자는 회람용 메모를 발행부서에 송부할 것
  별첨은   에 송부
  파일_____ 파기처분 _____

비고

〈필요하면 뒷면을 이용할 것〉

② A5판 정도 크기의 종이는 간단한 말을 적어 넣는 데도 회람용 메모지의 크기로도 충분하다. 표준 사이즈 종이를 사용하면 파일도 편리하다.

③ 메모지에는 회람하는 담당자의 이름을 써둔다. 메모지가 없어져도 아스테이지에 기록을 남겨 알 수 있게 해둔다.

④ 메모지에는 회람물의 발행부서, 회람물의 발행일을 기입한다.

⑤ 우선적 회람순위 난을 마련하고 회람의 촉진을 꾀한다.

⑥ 회람을 보낼 곳은 부서명으로 하지 말고 특정 관계자명으로 기록한다. 이렇게 하면 책임자가 명확해진다.

⑦ 회람을 보낼 곳의 이름 아래에 약간의 여백을 마련해두면 회람을 받은 사람이 자신의 부서 관계자에게도 회람하여 읽히고 싶을 때에 그 여백을 사용할 수 있다.

⑧ 회람을 받은 자는 읽은 후 자신의 이름, 다음에 마련된 난에 이니셜을 기입한다.

⑨ 그 다음 난에 다음 회람자에게 넘겨준 일시를 기입한다.

⑩ 회람종료 후 회람물을 어떻게 처리할 것인가 기입해둔다. 예를 들면 '발행부서로 돌려준다' 라든가 '파일한다' 든가 '파기처분' 이란 식으로 기입한다.

⑪ 비고란에는 회람물 중에서 주의를 필요로 하는 페이지와 제목을 기입한다.

⑫ 회람이 끝나면 메모지는 빼서 메모지 발행부서로 돌려준다.

⑬ 메모지 발행부서는 회람 후 그 메모지를 보관해둔다. 이렇게

되면 1) 누가 읽었는지, 2) 최후로 어떻게 처분되었는지(파일 했다든가, 파기되었다든가), 3) 다음 사람에게 회람될 때까지 며칠이 소요되었는지를 기록하게 된다. 회람이 종료된 메모 지를 조사하면 어디에 문제가 있었는지를 알게 될 것이다.

첨부 메모 작성

휴가여행을 간 사람이 친구나 친척에게 보내는 그림엽서의 내용 은 대개 정해진 문구라는 것을 알 수 있는데, 그림엽서를 보내는 사 람은 미리 정해져 있는 엽서의 메시지 중에서 적절한 것을 선택하 고, 수신자 주소를 써서 보내면 만사완료다.

이렇게 하면 최선은 아니지만 비즈니스에도 이 방법을 채용할 수 있다. [도표 6-3]을 참조해주기 바란다. 첨부 메모의 크기는 A5 판으로 복사할 수 있도록 처리한 것이 좋다. 이 첨부 메모는 다음과 같이 활용한다.

① 원본과 사본을 준비한다.
② 필요한 항목에 체크 마크를 기입한다. 의제(議題)에 관한 것 이면 회의일정도 기입한다.
③ 뭔가 첨가 기입할 필요가 있을 경우에는 여백에 자필로 메시 지를 적어 넣는다.
④ 원본과 사본을 함께 송부처에 보낸다. 받은 쪽은 원본에 답 장을 기입하고, 사본을 보관해둔다.

[도표 6-3] 첨부 메모

첨부 메모

안건   날짜

수취인   발신자

목적   승인 ○   정보 ○   의제의 성격
         회의 ○   의견 ○   토의/액션
         서명 ○   파일 ○   이사회 _____(날짜)
                                      스태프 회의_____(날짜)
                                      기타 _____(날짜)

         회답 (요) ○
         액션 (요) ○
         협의 ○
         조사후 보고할 것 ○   교정(요) ○

메시지   회답

메시지의 정형화

내용이 같은 편지를 많이 작성해야 할 경우에는 메시지를 정형화하면 좋다. 이 정형화란 양식화시켜 두는 것, 문례(文例)를 준비해 두는 것, 문장 예(例)를 준비해 두는 것으로 다음과 같이 된다.

형식화

형식화된 문서를 미리 인쇄해둔다. 담당자는 날짜, 이름, 주소를 기입할 뿐이며 필요할 때 인사말을 입력한다. 양식화해서 인쇄한 글 중에 여분을 한두 줄 가량 비워 두고 필요할 때 사용한다.

장점

구술필기, 다시 쓰는 것, 입력 시간을 절약할 수 있다.

문장 예를 준비해 둔다

문장 예를 잘 조합하면 문서를 작성할 수 있다. 몇 개의 문장 예를 편집하면 완결된 문서가 된다는 뜻이다. 어떤 포인트만 구술필기하고 이곳 전후에 문장 예 6번을 삽입하라는 식으로 비서에게 지시할 수 있다. 문장 예는 법률적인 서류와 보고서에 사용되고 있다.

메시지를 정형화할 때의 장점

어떤 조직에도 양식(樣式)과 문례집(文例集)을 활용할 수 있는 경우가 있다. 대량의 문서를 발신해야 하는 경우에는 사전에 승인해

둔 메시지와 문례를 이용하면 일일이 쓰고 있는 문서의 80~90%를 없앨 수 있다. 양식과 문서 예를 이용하면 다음과 같이 시간을 절약시키는 장점이 있다.

① 좋은 문장의 문서. 좋은 문장을 하나 작성하는 데 충분한 시간을 들이게 되면 같은 안건에 관해 많은 문서를 언제나 신속히 작성할 수 있으며 조잡한 문장의 문서가 되지 않을 것이다.

② 회답을 신속히 할 수 있다. 질문에 대한 회답문이 이미 작성되어 있으면 하나하나 회답문을 작성하기보다 신속하게 회답할 수 있다.

③ 문서의 재작성을 피할 수 있다. 부하직원이 대신 문서를 작성하고 서명도 대행해주게 되어 있는 경우에는 문서를 다시 작성할 필요가 거의 없어진다.

④ 방침을 분명하게 표명할 수 있다. 부하직원이 문장 예를 사용할 경우에는 부하직원이 방침을 틀림없이 정확하게 해석하게 된다.

⑤ 구술필기와 옮겨 쓰는 데 드는 시간이 절약된다.

⑥ 카피 양이 준다. 문례로 문서를 작성하는 경우에는 카피를 할 필요가 없다. 발신번호, 발신일만 기록해두면 충분하다.

⑦ 저(低)코스트. 시간의 절약은 돈의 절약이다.

이 같은 레디 메이드(ready made) 문서에 불신을 품고 있는 사람도 있다. 문서는 기계적이며 개별로 작성되면 관심을 끌지 못한다고 한다. 이 논리가 맞는 경우도 있지만 그것은 문서의 성질에 좌우된다. 양식과 문장 예를 사용해서 작성된 문서가 어울리지 않을 경우도 있다. 그러나 같은 정보를 대량으로 송부할 때에는 일일이 새로운 문서를 작성해서는 시간과 돈의 낭비가 된다.

문장 예를 사용해 작성한 문서라도 수취인의 이름을 기입함으로써 정형화된 문서에 개인적 감촉을 곁들일 수 있다.

제6장 문서작성 시간관리 |

07

의사전달 시간관리

　경영간부들을 조사했을 때 공통적인 시간낭비의 최대 원인은 전화, 잠깐 들르는 방문객, 그리고 회의에 있다고 한다. 이런 것들이 시간을 허비하게 한다는 것은 누구도 부정하지 않으리라 생각한다. 그러나 이런 것들은 부당하게 시간을 썼을 때만 시간을 허비한 것이 된다. 어떤 상황에서 가치 이상의 시간을 소비하고 있다면 시간을 유효하게 활용하지 못하고 있는 것이다. 이 장에서는 매일의 시간 중에서 이야기하는 데 쓰고 있는 시간을 줄이는 방법을 구체적으로 서술한다.

　대화는 두 가지 요소에서 성립한다. 즉 이야기하기와 듣기이다. 이야기하기보다 듣기가 훨씬 중요하다. 미네소타대학의 연구에 의하면 일하고 있는 하루 시간 중 약 70%는 의사전달에 사용하고 있다는 것인데 그 중 45%는 듣기에 사용하고 있다고 한다. 플라톤은 "들을 줄을 알라. 그렇게 하면 욕을 하는 사람에게조차 배울 수가 있다"고 서술하고 있다. 현명하게 듣는 법을 아는 사람은 시간을 현명하게 이용하는 사람이다.

대화 – 말하는 것과 지각(知覺)하는 것

듣는다는 것은 단지 귀에만 들린다는 것이 아니다. 이것은 지각한다는 것이다. 듣기만 위해서는 두 귀만 있으면 되겠지만 지각하는 데는 귀만으로는 불충분하여 귀도 마음도 머리도 필요하다.《웹스터 사전》에는 '지각하다' 라는 것은 '감각을 통해 얻는 지식을 깨닫다' 라고 설명되어 있다.

지각은 그 방법도 내용도 지각의 대상이 되는 상대에 따라 달라지는 경향이 있다. 예를 들면 실업가와 전문가에게 귀를 기울이는 법과 배우자에게 귀 기울이는 법은 다르다. 또 고객과 환자에게 귀 기울이는 것과 동료에게 귀 기울이는 법도 다르다. 그것은 듣는 동기가 각각의 경우 다르기 때문이다.

무엇을 말하고 있는 것인가는 단지 듣는 것만으로 지각이 되는 것은 아니다. 어떻게 말했는가, 화제가 되지 않고 끝난 것은 무엇인가, 그 밖에 말로 표현되지 않은 여러가지 사항은 무엇인가, 이런 것들이 전부 자신이 받는 메시지와 관계한다.

지각(知覺)하기 위한 10 가지 조건

지각하려는 사람은 누구라도 다음의 사항을 지키면 지각이 촉진

되어 시간이 절약될 것이다.

① 주의를 집중해서 잘 읽는다. 누군가가 말을 걸면 다른 일을 생각하지 않는다.

② 귀찮은 듯한 표정을 보이거나 시계를 보거나 책상 위의 서류를 만지작거려 말하는 사람을 초조하게 하지 않는다.

③ 듣고 싶지 않은 이야기라도 거부반응을 나타내지 않는다. 거부반응을 보이면 듣는 사람이 듣고 싶지 않을 것 같은 이야기는 말하는 사람에게는 극히 말하기 힘들게 된다. 듣고 싶지 않은 이야기라도 듣는 사람에게는 필요한 경우가 있다.

④ 실제가 아닌 메시지에는 신경쓰지 않는다. 어느 경영간부가 자신의 회사 일에 관해 뭐든지 제안하도록 부하직원에게 다음과 같이 말했다고 하자. "우리들은 한 팀에서 일하고 있다. 함께 협력해서 일하자. 회사에서 일하는 방법에 뭔가 제안할 것이 있으면 전부 함께 토의하자." 그러나 누군가가 제안하면 그 경영간부는 매우 방어적이 되고 그 제안은 자신과 자신의 비서에 관한 비판으로 받아들이는 것이다. 결국 제안은 아무것도 나오지 않게 되고 이 경영간부와 부하직원과의 사이에 커뮤니케이션은 단절되는 것이다.

⑤ 천천히 말하는 상대에게는 인내심을 갖고 들어라. 말하는 사람이 말을 끝낼 때까지 시간을 준다. 관심과 이해를 나타내거나 이야기한 것을 자신의 말로 고쳐 말하거나 그 사람이 갖고 있는 감정에 이해를 표시하거나 또는 이야기를 계속하

도록 용기를 불어넣거나 하는 등 말하는 사람을 도와준다.

⑥ 말하는 사람이 주제에서 빗나가지 않게 한다. 상냥하고 그러나 분명한 태도로 주제를 원상태로 돌아오게 한다.

⑦ 작은 일에 과장되게 반응하지 말라. 대화의 요점에 초점을 맞춘다.

⑧ 중요한 포인트(일시·숫자 등)는 메모한다.

⑨ 말하는 사람이 구체적 사항에 관해 지시하고 있을 때에는 메모하라. 주의깊게 듣고 있더라도 기억에 의존하지 말라.

⑩ 말하는 사람이 말을 끝낸 경우 자신이 무엇을 말할 것인지 주저하지 말고 바로 말하라.

강연을 잘 듣기 위한 원칙

① 강연자에게 주의를 집중시킨다. 강연자가 어떻게 생각을 종합했는가에 신경을 집중한다. 만일 내용을 종합하지 않았을 경우에는 자신이 만들어본다. 노트하면서 자신이 적절하다고 생각하는 표제를 달아본다.

② 아우트라인을 잡도록 노트한다. 사소한 것을 모두 기록하지는 말라. 많이 듣고 조금 적는 방법으로 한다. 키포인트를 들으면 적는다. 여백을 두고 적어 키포인트에 관해서 강연자가 나중에 생각이 떠올라 다시 한번 언급하는 점을 논리적으로 기입할 수 있도록 해둔다.

③ 멍하니 다른 생각에 빠져들지 않도록 한다. 자신의 주의집중이 떨어지기 시작하면 적극적으로 듣도록 자신을 채찍질한다. 이 방법으로는 강연자가 다음에 언급하리라 생각되는 점이 무엇인가를 예상해보거나 강연자가 언급하고 있는 점에 관해 실례(實例)를 생각해보도록 한다. 그리고 주장하고 있는 점에 자신이 동의하는지 자문자답해본다. 강연 후에 질의응답 시간이 있으면 질의내용을 생각해본다.

④ 주의를 딴 데로 돌리지 않도록 한다. 소음, 지각자, 장내에서 소곤대는 소리, 강연자의 외관, 동작, 목소리 등에 의해 자신의 관심이 흐트러지지 않도록 한다. 강연내용에 주의를 집중시킨다.

[도표 7-1] 강연회 지참노트

강연회 지참 노트

보고자	질문	덧붙일 점	기억할 점

[도표 7-1]의 강연회 지참 노트는 강연회에서 강연을 들을 때 사용하면 시간을 절약할 수 있다. 왼쪽 난에는 강연자의 이름을 기입

한다. 공개토론회의 경우에는 패널 멤버의 이름을 모두 기입한다. 다음에는 질문사항을 기입한다. 셋째 난에는 강연회 후 질의응답 시간이 있을 경우에 적고 싶은 것을 기입한다. 마지막 난에는 자신이 특히 기억해두고 싶은 정보를 기입한다.

대화내용의 가치를 따져라

"현명한 사람은 뭔가 할 이야기가 있어 말한다. 바보는 뭔가 말하지 않으면 안 되기 때문에 말한다." – 플라톤

대화에는 두 가지 점, 즉 말을 하는 것과 지각하는 것 두 가지가 있다는 것은 앞에서 말했다. 이야기하는 방법에 의해 하루 업무시간의 1분 혹은 1초만으로 성과를 얻을 수 있다. 그러기 위해서는 자신의 이야기 내용과 말수에 관해 분석할 필요가 있다.

업무시간 중 매일 꽤 많은 시간이 '인간관계'와 관련이 있다. 사소한 희생이 따르더라도 좋은 인간관계를 유지하는 것은 중요하다고 생각해 많은 시간을 소비한다. 한번에 5분, 10분 또는 15분이란 시간을 우호적으로 행동한다든가, 상대를 불쾌하지 않게 하기 위해서라든가, 좋은 인간관계를 만들기 위해서라든가, 죠와 함께 커피를 마실 때는 메리도 부른다든가, 조언을 주고받는다든가, 행동에 관해 설명한다든가, 일기예보에 관해 이야기하거나 스포츠 이야기를 한다든가 등 여러가지 이야기로 시간을 사용해버린다. 좋은 관계를 만드는 것은 비즈니스에서도 직장생활에서도 중요하지

만 좋은 관계를 형성하거나 유지하는 데에 좀더 적은 시간을 들여야 한다.

　일주일 동안 예정되어 있는 약속과 회의를 제외하고 대화에 어느 정도의 시간을 쓰고 있는지 기록해보면 좋다. [도표 7-2]와 같은 양식을 사용해본다. 일주일이 지나서 보면 그다지 가치 있지도 않을 일 때문에 하루의 업무시간 중에서 상당한 시간을 쓰고 있는 데 놀랄 것이다. 문제는 말의 양이 아니라 대화 속에 어느 정도의 가치가 있는가 하는 것이다.

[도표 7-2] 대화조사표

대화 조사표

날짜	대화의 상대	시작한 사람		길이	성과	가치	
		자신	타인			저	고

대화를 이끌어가는 10가지 원칙

B. J 씨는 복도에서 리리폰과 서서 이야기를 나누고 사무실로 돌아왔을 때 그날 리리폰과 중요한 이야기를 하게 되어 있었던 것이 생각났다.

"리리폰과 할 이야기를 캘린더에 적어 둘 걸 그랬어. 리리폰과 이야기를 시작하면 언제나 그에게 빠져든다 말야…."

B. J 씨에게 필요한 것은 대화를 잘 이끌어가기 위해 10원칙을 지켜야 하는데 그 원칙을 지키고 있지 않은 것이 우선 문제가 된다. 이 10원칙을 소개한다.

원칙 1

언제나 작은 수첩을 휴대한다. 이 수첩에는 중요한 인물마다 표시를 해 두는 것도 좋다. 그 사람들과 이야기하고 싶은 문제를 써 둔다. 하루 중 몇 번은 이 수첩을 본다. 사무실을 떠나서도 보도록 한다.

그러면 그 사람들을 우연히 만났을 경우에라도 가치 있는 목적을 달성할 수 있게 될 것이다. 한 가지 업무를 끝마칠 수 없더라도 적어도 그 업무를 위한 시간을 절약할 수 있다. 수첩에 대화와 약속의 결과에 관해 메모해 두면 사무실에 돌아왔을 때 기억을 되살리는 역할을 해주게 된다.

원칙 2

불평을 늘어놓거나 잔소리를 해야 할 경우에는 그것을 처리할 수 있는 사람에게 하라.

정확히 전기요금을 지불했는데 전력회사가 전기를 끊어버린 경우, 우유배달원에게 잔소리를 늘어놓는다면 아무 소용이 없다. 이런 것은 누구나 알고 있는 일인데도 비즈니스와 직장생활에서는 모두 이런 바보 같은 짓을 하는 경우가 있다. 전화 교환수는 교환과 아무런 상관도 없는 일로 또는 아무것도 알지 못하는 일로 시종 괴로움을 당하고 있다. 누구와 상관없이 자신의 욕구불만만을 해소하기 위해 부딪치는 것은 비생산적이며 자신의 업무시간과 타인의 시간을 허비하게 된다. 일에 관해 사소한 것을 불평하는 것도 시간낭비가 된다.

원칙 3

자신이 이야기하고 싶은 것을 알고 말하라. 그 외의 것에 관해서는 언급하지 않는다.

사전에 잘 정리해두지 않은 대화는 순조롭게 말을 끌어갈 수 없는 원인이 되며 포인트를 언급할 것을 잊어버리기도 한다. 그리고 몇 번이나 같은 말을 반복해서 말하는 원인도 된다. 아브라함 링컨은 지인(知人)에 관해 다음과 같이 말하고 있다. "그는 많은 말을 몇 마디로 함축시켜 버릴 수 있는 인간이다." 대화내용을 지루하게 되풀이하지 않도록 주의하라는 것이다. 중요한 요점에만 초점을 맞추며 필요한 사항을 상세하게 설명해서 요점을 이해하도록 하라.

원칙 4

자신의 생각을 정리하라. 예정된 대화를 할 경우에는 포인트를 놓치지 않도록 소형 카드에 논리적인 순서로 자신의 생각을 정리해 둔다. 누군가와 이야기를 하게 되어 있는 경우에 이 같은 준비를 해 두는 것이 습관화되면 예정되어 있지 않은 대화를 할 경우에도 자신의 생각을 머릿속에서 잘 정리할 수 있게 된다.

원칙 5

자신의 아이디어를 도표화하라. 추상적인 아이디어가 눈으로 볼 수 있게 되면 그 아이디어를 빨리 이해하는 사람이 많게 된다. 원형 그래프로 하거나 막대그래프로 하거나 화살표 등을 사용해 행동을 표시해본다. 구체적인 말을 사용하며, 예를 들면 '제인은 좋은 종업원이다' 라는 표현은 쓰지 않는다. '좋다' 라는 말은 너무나 추상적이고 막연하다. 어느 정도 좋은가? 듣는 사람에게는 '좋다' 라는 말이 말하는 사람의 의도와는 전혀 다른 것일지도 모른다.

원칙 6

토의는 하지만 말다툼은 하지 말라. 대화의 목적이 자신의 견해를 타인에게 설득시키는 데 있을 경우, 주제가 사실에 기초를 둔 것이며 객관적이며 개인적인 요소가 없는 것이면 목적을 빨리 달성할 수 있게 된다. 이떤 경우고 문제를 공격하되 인간을 공격하지는 말라.

제7장 의사전달 시간관리 |

원칙 7

말투에 유의하라. 대화의 결과를 결정하는 것은 무엇을 말했는가가 아니고 어떻게 말했는가 하는 데 있다. 오해를 일으켜 몇 시간이나 허비하게 되는 것은 이야기 자체에 원인이 있는 것이 아니라, 이야기할 때의 말투와 말하는 방법에 있다. 대화에서는 글로 쓰여지는 말이 실제로 말해지는 말보다 빨리 이해된다.

원칙 8

듣는 사람의 입장에서 그 상태를 유지하라. 자신이 말하고 있는 상대에 대해 감정을 주입하도록 자신을 훈련한다. 사람을 어느 조직의 일원이라거나 소수 인종이라거나 종교적이라는 그룹의 일원으로서 파악하지 말고 한 개인으로서 생각하라. 특정 그룹 사람에 관한 자신의 편견으로 한 인간을 이해해서는 안 된다. 제임스 T. 맥케이는 "이야기할 때에는 그 상대방에게 친밀감을 가지고 그것을 유지하라. 그렇게 하면 시간이 경과할수록 만족한 결과를 얻게 될 것이다"라고 서술하고 있다.

원칙 9

교제는 적당히 하라. 동료들과의 가벼운 교제는 신선한 기분이 되기도 하고 직장에서 기운이 나는 듯한 느낌을 줄 때가 있다. 그러나 이것도 도가 지나치면 역효과가 일어나기도 한다. 직장에서 돌아와 보면 시간을 너무 허비했다는 것을 알게 된다. 그렇게 되면 스트레스가 축적되기 시작한다. 실수가 잦아지고 판단에 착오가 생긴다.

원칙 10

가능하면 자신의 대화 상대에 관해 파악해둔다. 듣는 사람에게는 두 타입이 있다. 하나는 읽는 타입과 또 하나는 열심히 듣는 타입이다. 읽는 타입은 말로 자세히 설명해도 그것을 이해할 수 없다. 이런 사람들은 문자로 써 있는 것을 좋아한다. 열심히 듣는 타입은 상세하게 적은 긴 문장의 편지를 읽지 않는다. 오히려 필요에 따라서 메모를 기억용으로 적거나 이야기로 듣기를 좋아한다.

따라서 대화 상대가 읽는 타입인 경우는 간단히 사실만을 말하고 상세한 것은 문서화해서 나중에 차분히 읽어보도록 한다. 대화 상대가 집중해 듣는 타입이면 자세하게 말로 표현하는 편이 좋다. 그리고 대화내용을 나중에 떠올릴 간단한 메모를 남기는 것만으로 된다.

 방문객 시간관리

대부분의 경영간부에게 따르는 고민 중 하나가 예고 없이 잠깐 들르는 방문객이다. 조직 내외와 좋은 관계를 유지하는 것은 필요하지만 자신에게 주어진 책임을 다하는 것도 매우 중요하다. 예고 없이 찾는 방문객이 너무 많아 곤란한 상태가 된다면 어떻게 하면 좋을까! 이런 일로 하루의 업무시간을 낭비하지 않게 하는 방법을 소개한다.

① 비서에게 갑자기 찾는 방문객을 선별하게 한다. 방문객이 비서에게 "만나 뵐 수 있습니까?"라고 질문하면 "지금은 바빠서 시간이 나는 대로 전화 드릴까요?"라는 식으로 대답하도록 시킨다.

② 갑작스런 방문객은 사무실 밖에서 만나라. 방문객을 사무실 안으로 들어오게 하기보다 자신이 사무실 밖에서 만나는 것이 시간을 절약할 수 있다.

③ 방문객이 사무실 안으로 들어와 책상 곁에 서서 인사를 할 경우 앉으라고 권하지 말라. 앉는 일이 없으면 방문객은 그 상태에서 용건을 해결할 수 있게 된다. 면담이 끝나면 사무실 문 쪽으로 걸어간다.

④ 회의장소나 다른 사무실로 방문객과 함께 걸어가도록 한다. 다음 목적지에 도착하기 전에 대화를 끝마쳐야 하므로 이야기는 간단하게 된다. 그렇지 않을 경우에는 나중에 이야기를 하도록 약속을 정해둔다.

⑤ 갑작스런 방문자가 거래처 사람일 경우에는 자신에게 있어 우선도가 높은 용무에 관해 양해를 구하는 것도 한 수단이며, 이때 상대방 캘린더에 자신과의 약속을 기입하도록 할 수도 있다.

⑥ 자신과 면담하는 경영간부가 자주 사용하는 테크닉을 관찰해둔다. 그 간부와 비서가 어떻게 스케줄을 잘 관리하고 있는지 관찰해 그 테크닉을 전부 채용하는 것이 아니라 선별해 취하라. 어떤 사람에게는 좋은 테크닉일지라도 사정이 다른

사람에게는 맞지 않을 경우가 있다.

⑦ 문호개방주의가 반드시 좋은 방법은 아니다. 항상 방문자가 들어올 수 있는 시간을 하루의 어느 시간, 또는 일주일 중 어느 날로 시간과 날을 정해 실시할 뜻을 공표하고 실행한다. 어떤 경영간부는 화요일 아침 두 시간을 비워놓고 직원들이 뭔가 이야기할 것이 있으면 자유롭게 방문하도록 하고 있다. 아무도 들어오지 않으면 밀려 있는 서류 처리에 이 시간을 사용한다.

⑧ 직접 만날 필요가 없는 경우에는 전화와 메모를 사용하도록 한다.

⑨ 직원들에게 사무실로 방문할 경우에는 이야기하고 싶은 문제에 관해 간단히 메모해 오도록 지시해둔다.

⑩ 직원들이 문제를 가지고 올 때에는 간단히 그것을 요약하고 동시에 적어도 해결책 두 가지는 준비해 오도록 정해둔다. 문제의 대부분은 자연히 해결될 것이다.

⑪ 자신과 방문자에게 잘 보이는 곳에 시계를 놓아둔다.

⑫ 직원들이 사무실로 오겠다고 하면 자신이 나가도록 한다. 상대편 사무실을 방문해서 일을 끝내고 자신이 돌아오는 편이 시간을 절약할 수도 있다.

⑬ 예고 없이 방문하는 사람과 관련 있는 파일을 준비해둔다.

⑭ 예고 없는 방문객에게는 면담시간을 제한하라. 누군가 예고 없이 찾아오면 몇 분밖에 시간이 없다고 하고 그것으로 괜찮은지를 물어본다. 불충분한 경우에는 약속을 정해 다시 한번

오도록 한다.

⑮ 방문자와의 대화가 길어져 논점에서 벗어나는 듯이 생각되는 경우에는 자신의 생각을 제안하라. 자신의 생각이 옳다면 그 면담에서 목적을 달성하게 된다. 틀렸다면 방문자는 필시 그 논점을 말하게 되므로 역시 목적을 달성하게 될 것이다.

방문자가 이야기 내용을 준비하고 있지 않은 경우에는 필요한 사실과 숫자에 관해 질문한다. 방문자 대신 자신이 먼저 뭔가 준비할 필요는 없다.

사무실 안의 레이아웃 때문에 갑작스런 방문객이 나타날 수도 있다. 의자가 무척 쾌적하다든가, 가구가 매력적인 경우에 그럴 수가 있다.

갑작스럽게 방문자가 빨리 이야기를 끝맺고 싶어지는 말을 사용한다. 예를 들면 '이 이야기가 끝나기 전에' 라든가 '이 이야기를 정리하기 전에' 또는 '돌아가시기 전에' 라는 말을 쓴다.

시간이 되면 분명하게 그러나 기분 나쁘지 않게 끝맺는 테크닉을 사용한다. 예를 들면 '바쁘시니 다음 일정이 있으시겠죠? 저도 다음 일정이 밀려 있으니까 다음에 또…' 라는 식으로 암시한다.

누가 언제 방문해도 괜찮다고 하는 불문율이 모르는 사이에 만들어지는 경우가 있다. 이것은 한두 사람일 때는 괜찮겠지만, 상황의 변화로 시간을 너무나 허비하게 될 것 같은 때가 있다. 이런 경우에는 솔직히 말하고 협조를 구하도록 한다. 대부분의 사람은 이 솔직함을 받아들여 협조해줄 것이다.

시간관념이 희박한 상사

상사 때문에 자신의 시간을 효과적으로 사용할 수 없어 곤란을 겪고 있는 사람이 있다. 이런 상황에서는 어떻게 하면 좋을까? 이것을 잘 처리하는 예와 테크닉을 몇 가지 소개한다.

잘 듣지 않는 상사를 다루는 법

상사에게 분명히 설명해 주었는데도 나중에 상사는 그런 말을 들은 적이 없다고 하는 말을 들은 경험은 없는가? 어떤 경영간부가 상사에게 자비로 2개월 후에 개최될 전문가회의에 참석하고 싶다고 말했을 때 이 상사는 그것에 동의해주었다. 그래서 돌려받을 수 없는 수강료 150달러를 지불하고 교통편과 호텔 예약도 끝냈다. 회의 일주일 전이 되어 상사에게 일의 진행상황을 설명하고 회의 참석 중에 자신의 업무분담에 관해서 이야기를 했다. 그러자 놀랍게도 이 상사는 이 경영간부가 자리를 비운다는 것을 까맣게 잊어버리고 있었고, 게다가 그 기간 중 이 경영간부가 다른 회의에 참석해야 하는 약속까지 해 놓고 있었다.

상사가 이야기를 잘 들어주도록 하려면 다음과 같이 한다.

① 상사가 무엇인가 생각하고 있는 시간은 피한다.
② 상사가 뭔가 서두르고 있을 때 결재를 받지 않는다.

제7장 의사전달 시간관리 |

③ 장황하게 이야기하지 말라. 부차적인 이야기는 언급하지 말며 바로 요점을 말한다.

④ 이야기의 내용이 상사에게도 득이 될 거라고 말하는 것을 잊지 말라.

⑤ 도입단계를 알기 쉽게 말하여 관심을 환기시킨다. 상사가 관심 있어 하는 것에 관해 미리 준비해 두었다가 이야기한다. 관심을 끌었다고 느껴지고 또한 열중해 듣고 있다고 생각되면 자신이 이야기하고 싶은 안건으로 들어간다.

⑥ 타이밍이 좋지 않다고 느껴지면 좋은 타이밍까지 이야기를 연장한다.

⑦ 대화 도중 반응을 몇 번 살펴본다. "이것에 관해 어떻게 생각하십니까?"라든가 "이것에 관해 의견이 있으십니까?"라는 식으로 질문해본다. 예스, 노의 간단한 대답으로 끝나는 질문은 하지 않도록 한다. 자신의 말에 상사가 어떻게 생각하고 있는지 말하도록 이야기를 이끌어간다.

⑧ 협의가 끝나기 전에 행동을 취한다. 상사가 그 건에 관해서는 재고하고 싶다든가 나중에 대답하겠다고 할 경우에는 자신의 제안을 종합해서 제출해 두겠다고 말한다. 그리고 다시 한번 언제 본건에 관해 이야기를 할 수 있는지 물어 확인한다.

⑨ 상사가 통상 안경을 끼는 경우에는 안경을 끼도록 도와준다. 조사에 따르면 안경을 통상 끼고 있는 사람이 안경을 벗고 있으면 잘 들리지 않게 된다고 한다. 우리들은 무의식중에 상대의 입술을 읽고 있기 때문이다.

갈팡질팡형 상사를 잘 다루는 법

C. W 씨는 의사결정을 하는 데 막힘이 없다. 어떤 문제라도 직접 부딪쳐 즉석에서 판단을 내리고 바로 의사결정을 했다. 그는 능동적인 남자로서 자신의 결정을 바로 행동에 옮겼다. 최대한의 스피드로 프로젝트를 실시하도록 자신의 부하에게 업무를 맡겼다. 그리고 그 후 다시 멈춰서 문제의 전모를 둘러본다. 그리고는 열 번 중 아홉 번은 결정을 뒤엎는다.

만일 상사가 어느 프로젝트 때문에 몇 시간이나 때로는 며칠이나 소비하도록 한 다음 "그 일은 하지 않는 것이 좋겠는데"라고 말했다면 어떻게 할 것인가? 아마 아무것도 할 수 없으리라 생각된다. 그러나 상사와의 관계에 따라 다르겠지만 뭔가 할 수 있을지도 모른다. 가령 다음과 같이 해본다.

① 상사가 일을 맡기면 질문을 해본다. 신문기자같이 무엇이, 언제, 어떻게, 왜, 어디서 라는 질문을 한다. 이런 질문에 대답하려고 할 때 상사는 자신이 생각하지 않았던 문제를 알게 되어 한동안 그 업무를 보류하도록 지시할 수도 있다.
② 상사가 바로 하라고 재촉해야 할 일은 다른 것이라고 알려, 일의 우선순위를 결정하게 한다.
③ 명령받은 업무의 일부를 자신의 부하에게 위양해도 좋은지 물어본다.
④ 업무를 완료하는 시간적 제약, 또는 마감시간을 물어 확인한다. 가능한 한 그 일은 마감시간까지 늦춘다. 프로젝트에 착

수하기 전에 상사의 기분이 변할지도 모르기 때문이다.

바쁘게 몰아치는 상사를 잘 다루는 법

이유 없이 바쁘게 몰아치는 상사를 말한다. 필요도 없는, 아무도 읽지 않는 서류를 작성하고 있는 경우가 있다. 장황한 주간보고 서류의 작성을 끝내면 그것은 단지 파일될 뿐 아무도 두 번 다시 참고하는 일이 없는데도 그 보고서를 작성시키는 상사가 있다. 보고서의 작성을 계속해가는 데 의미가 있는 것으로, 처음 시작할 때는 그 나름대로의 의미가 있었는데 현재는 무의미하게 된 것도 있다. 이것은 관리의 부실함에 원인이 있는지, 혹은 업무를 위양하고 있지 않은 데 원인이 있는지도 모른다. 또는 인력이 남아도는 것이 원인인지도 모른다.

상사가 필요도 없는 일을 바쁘게 몰아칠 때는 다음과 같이 해 본다.

① 자신이 맡게 되어 있지만 스케줄 형편상 맞지 않는 프로젝트나 일의 리스트를 작성해둔다. 상사가 뭔가 가치 없는 일을 시키려고 할 때 이 리스트에 올라 있는 프로젝트 하나를 선택해서 상사에게 접근해본다. 이 프로젝트가 상사와 조직에 얼마나 중요한지를 인식시킨다. 상사가 이 아이디어로 점수를 따게 되면 그것으로 좋은 것이다. 실은 상사에게 점수를 따게 체면을 세워 준다는 것이 중요한 것이다. 부하의 지원 없이 출세한 사람은 거의 없다. 대부분의 사람은 부하 덕분

에 출세의 자리에 오른다. 상사가 잘 해주면 자신의 능력도 인정받아 기회가 오면 승진도 하게 된다.

② 상사를 대신해서 자신이 처리할 수 있다고 생각되는 일을 상사에게 맡겨 달라고 한다. 이로써 상사에게 시간이 생기고, 상사는 더 힘든 책임 있는 일을 맡게 된다고 상사에게 제안한다.

③ 상사가 조직의 목적에 공헌하고 또는 목표달성을 촉진할 수 있는 새로운 책임 있는 일과 프로젝트를 생각하도록 아이디어를 내어 상사를 돕는다. 새로운 일과 씨름하기 위해서 상사는 현재 일을 부하에게 맡긴다.

부하를 듣기 상대로 삼는 상사를 잘 다루는 법

신뢰할 수 있는 부하를 자신의 이야기를 들어주는 상대로 삼는 상사는 많이 있다. 상사로서 안고 있는 문제에 관해서 이야기하는 것은 필요하다.

특히 뭔가 어드바이스를 구하고 있는 것이 아니라 단지 누군가가 들어주었으면 하는 것으로, 성공한 많은 최고 경영자가 이 멋진 테크닉을 사용하고 있다. 따라서 부하가 상사의 듣기 상대가 된다면 그것은 멋진 일로 칭찬받을 만한 일이다.

그러나 이것이 지나치게 되면 상사에게도 부하직원에게도 상당한 시간 낭비이다. 어느 교육감이, 교육감이란 대부분 그렇지만, 인사에 관한 문제로 많은 고민을 하고 있었다. 이 교육감은 하루에도 몇 번이고 누군가 자신의 이야기를 들어줄 사람이 필요했다. 교육위원과 이야기를 끝낸 후에 자신의 비서에게 반복해서 이야기를 들려주는 것이다. 누구누구는 이런 성격이라든가, 누가 이렇게 말했다든가, 저렇게 말했다든가 등 몇 시간이나 쓸데없는 이야기를 하면 대화는 어느 샌가 객관성을 상실하고 소문으로 발전하게 된다.

자신의 상사가 이런 대화로 하루의 업무시간의 중요한 부분을 낭비해버릴 것 같은 경우에는 어떻게 하면 좋을까? 그럴 때는 다음과 같은 점에 유의한다.

① 잘 들어준다. 어쨌든 상사이므로.
② 질문을 가급적 피한다. 또는 이야기를 계속시킬 것 같은 발언은 삼간다.
③ 반응은 가능한 한 소극적으로 한다. "그렇군요"라든가 "아니오" 또는 "예"라는 정도로 끝낼 수 있다면 그것으로 된 것이다.
④ 이야기를 들으면서 일을 계속할 수 있는 경우에는 그렇게 한다.
⑤ 자신의 일에 관해 뭔가 질문해 본다.
⑥ 뭔가에 마음을 빼앗기고 있는 체한다.
⑦ 그래도 안 될 경우에는 잘 들어준다.

의사전달이 잘 되지 않는 이유

의사전달이 잘 되지 않는 이유에는 여러가지가 있는데 예를 들면 다음과 같은 것이 있을 수 있다.

① 자신을 비하하고 있는 사람에게는 의사전달이 어렵다. 진심으로 칭찬해주면 열등의식이 감소될 것이다.

② 책상과 의자의 위치는 의사전달을 곤란하게 하는 경우가 있다. 책상을 사이에 두고 이야기를 하기보다 옆에 앉아 이야기하는 편이 대화를 용이하게 한다.

③ 직장의 침체된 분위기는 좋은 의사전달을 저해한다. 부드럽고 적극적이며 우호적인 분위기를 조성하라. 꽃을 놓아두거나 사탕을 담은 접시를 놓아두는 것도 우호적인 분위기를 만드는 데 도움이 된다.

④ 남을 절대로 믿지 않는 사람도 그 중에는 있을 것이다. 이런 사람은 남이 어떻게 해서라도 자신을 이용하려고 하고 있다고 믿는 경우가 많다. 흉금을 털어놓고 성실하게 대하라.

⑤ 독선적 성격의 소유자와 의사소통을 하기는 어렵다. 어떻게 하면 자신을 상대방에게 알릴 수 있을지 상대방의 이야기에 귀를 기울여라. 상대가 독선적인 사람이라면 좀더 부드러운 태도를 보인다.

⑥ 의사소통을 하려고 하는 상대와 자신의 역할이 서로 용납되지 않는 경우가 있다. 가능하면 공통적인 부분, 또는 공통의 목표를 만든다.

⑦ 성격의 원인으로 의사전달이 잘 안 되는 경우가 있다. 이런 경우에는 충돌이 따르는 것에 유의하고 감정을 잘 다스린다. 이것은 상대에게 굴복하라는 것이 아니고 상대의 견해에 기꺼이 귀를 기울이는 것이다.

⑧ 의사전달에 관한 법칙을 무시하는 사람과 의사소통을 하기는 어렵다. 예를 들면, 말을 중단시키는 사람과 대화하기는 어렵다. 예의바른 태도를 취하고 말이 중단되면 중단된 내용에 아무런 코멘트도 하지 말고, 중단되기 전의 내용으로 돌아가도록 한다.

⑨ 대화를 논쟁으로 전환해버리는 사람이 있다. 불쾌한 방법을 취하지 않더라도 반대의사를 나타낼 수 있다는 것을 명심한다.

의사소통을 하는 데 있어서 어려운 상황을 재치 있게 수습하는 확실한 방법이란 없다. 중요한 것은 곤란한 상황을 인식하는 것이다. 그리고 그 어려움이 어떤 성질의 것인지를 평가하는 것이다. 어느 특정상황에 놓여 있는 사람과 의사소통을 하기가 어렵다는 것을 사전에 알고 있으면 거기에 대한 어떤 방법을 세울 수 있다. 의사전달이 잘 안 될 때는 적극적인 감정이입(感情移入)을 하면 좋은 효과를 거둘 수 있다.

'노'를 잘 표현하는 방법

부탁받은 일에 뭐든지 언제나 좋은 대답만을 하게 되면 경영간 부는 자신의 업무 시간은 없어진다. 그러나 언제 '예스'라고 대답하며 언제 '노'라고 말할 것인지는 매우 어려운 선택이다. 자신의 시간을 빼앗는 일로 누군가에게 부탁받으면 다음과 같은 세 가지 태도를 생각해본다.

① 이기적으로 생각하라.

부탁받은 일을 하는 데 시간을 소비함으로써 자신의 목표 달성에 방해를 받지는 않는가? 그 의뢰, 일, 회의, 역할, 프로젝트는 자신에게 있어 중요한가? 의뢰자가 자신의 출세만을 생각하는 사람이거나 자신이 할 수 있는데도 타인에게 부탁하는 경우에는 자기본위로 생각해도 좋다. 의뢰받은 일에 자신이 진정으로 동의하고 있는가 자문자답해본다. 의뢰받은 일의 가치에 동의하는가? 그것은 시간과 코스트에 합당한 것인가? 자신이 '예스'라는 대답을 하면 이 의뢰를 처리하기 위해 자신의 계획에서 뭔가 뺄 수 있는지, 자신의 일을 누군가에게 위양할 수 없는지 자문자답해본다. 또 '노'라 대답한다면 앞으로 어떤 문제가 생길 것인지를 생각해본다. 그리고 '예스'라는 대답이 장래에 어떤 문제를 일으키고, 대답 여하가 어떤 결과를 초래할 것인지 확신이 없는 경우에는 시간을 번다. 의뢰자에게 언제까지 생각해보고 대답하겠다고 시간을 말해준다.

② 단호한 태도를 취하라.

한번 '노'라 결정하면 단호한 태도를 보인다. 태도를 분명히 하고 결정이 뒤바뀌지 않도록 설득당하지 않는다. 자신의 결정에 관해 이유를 말할 필요는 없지만, 이유를 말하고 예의 바르게 하면 우호적인 관계를 유지하는 데 도움이 된다. 이유를 말할 때는 그 이유는 진실하며 또한 논리적인 것이어야 한다. 그리고 이유에 관해서는 논의하지 않는다. 의뢰자가 이유에 관해 트집을 잡을 경우에는 '노'를 반복하며 그 이상 논의하지 않는다.

③ 상대방이 기분 상하지 않게 행동하라.

가능한 한 기분 나쁘지 않게 '노'라고 말한다. 누군가 다른 사람을 소개해도 좋고 배려해주어서 고맙다는 말을 해도 좋다. 그러나 도가 지나치게 사과의 뜻을 나타내면 오히려 진실성을 의심받게 된다. 진심으로 죄송하게 생각한다면 그 의뢰를 어떻게 해서든지 받아들여야 하는 것이다.

 ## 적절한 어휘를 선택하라

경영간부로서 적절한 말을 유창하게 구사해서 대화를 이끌어가는 것은 중요하다. 또 대화 상대에게 적합한 말을 사용하는 것도 중요하다. 오늘날과 같이 고도로 기술적·과학적 또한 컴퓨터화된 사회에서는 새로운 용어는 수없이 만들어지고 있다. 자신의 말을 참신하고 첨단적 용어로 구사하는 방법을 소개한다.

① 정기적으로 비즈니스 관계의 간행물과 신문의 경제면을 읽어라. 판매관계 일을 하고 있는 경우에는 거래처가 사용하는 비즈니스 용어를 알아둘 필요가 있다. 따라서 그 분야의 간행물을 읽는다.

② 대화 상대의 반응에 주의를 기울여라. 뭔가 곤란해 하는 듯이 생각되거나 혹은 몇 번이나 설명을 반복해야 하는 일이 빈번하다면 상대에게는 익숙하지 않은 전문용어를 사용하고 있기 때문이다.

③ 자신의 이야기가 단조롭지 않은가 생각해본다. 같은 말, 같은 표현을 몇 번이나 반복해 사용하고 있지 않은가? 포켓용 용어집을 휴대하고 엘리베이터를 기다리는 시간에 자신이 너무 자주 사용하는 듯한 용어 숫자를 조사해본다.

④ 기사를 읽다가 자신이 잘 모르는 용어가 나오면 그 용어를 찾아본다. 사전은 최신형을 이용한다.

⑤ 새로운 단어를 기록한 노트를 준비하고 대화 중에 사용해 본다.

⑥ 말뜻과 사용법에 유의하라. 대화에서는 사전에 있지 않은 의미로 사용되는 말도 있다.

⑦ 다른 직능(職能)에 종사하는 사람들이 사용하는 말에 익숙해 져라. 사무원, 청소부, 직공, 조립계 직원 등 여러 직능의 사람들과 때때로 대화를 해서 익숙해지도록 한다.

⑧ 언어구조에 관해 알고 있으면 모르는 말에 부딪혀도 그다지 놀라지 않을 것이다. 어간, 접두어, 접미어에 관해 공부해두면 새로운 언어를 빠르게 배울 수 있게 될 것이다.

 ## 선거로 뽑은 정치인에게 청원하는 요령

1977년 7월 29일자 〈US. 뉴스 & 리포트〉지는 선거로 뽑은 정치인에게 청원하는 방법에 관해 좋은 아이디어를 싣고 있다. 그 요점은 다음과 같다.

① 가장 적절한 타이밍은 의회가 휴회하고 있는 주일이다. 의원은 대개 자택에 있는데, 의회가 자신의 선거구를 대표하는 의원에게 직접 면담하는 기회를 주는 것이다. 이 기회에 중요한 문제에 관해 정보를 듣거나 개인적인 의뢰를 한다. 예를 들면 어떤 일의 허가를 빨리 내달라든가, 사관학교에 입학할 수 있도록 추천해달라든가, 재향군인의 연금문제를 해결해달라든가라는 것이다. 국회의원은 군인이 긴급휴가를 받을 수 있도록 도와주거나 좀처럼 허가를 내주지 않는 정부기관에 압력을 넣어 해결해준다.

② 사전에 미리 자신의 생각을 정리하여 요점을 알리기 위해 전화를 한다. 국회의원 사무실 전화번호는 그 지역 전화번호부에 있다.

③ 사실에 근거한 자료를 지참한다.

④ 유권자의 힘을 표시하는 데 주저하지 말라. 대부분의 의원은 언제나 재선문제를 안고 있어 선거민의 지지를 원하고 있다.

⑤ 의원을 만나지 못하고 의원보좌관을 만나게 되더라도 걱정하지 말라. 의원이 회피하려는 것이 아니다. 의원은 워싱턴과 자신의 선거구에서 보좌관을 눈과 귀로 활용하고 있다.

⑥ 휴회 중에 의원이 공청회를 개최하는 일이 있다. 이때는 어떤 일을 청원하는 데 가장 좋은 기회일지도 모른다. 지역신문은 그 지역구 선출의원이 여행할 경우 선거구민과 면담할 일시와 장소를 공표한다.

전화로 시간을 절약하는 방법

사회학자 중에는 전화는 "대화를 방해하는 최대의 장애이며, 또 장애 중에서 가장 편리한 것"이라고 하는 사람도 있다.

전화에 자신이 어느 정도의 시간을 사용하고 있는지 분석해 보라. 1주일 또는 2주일산에 길쳐 [도표 7-3]을 이용해서 전화에 사용하는 자신의 대화시간을 기록해본다. 전화에 너무 많은 시간을 쓰고 있다든가, 왜 전화를 지나치게 많이 사용하고 있는지를 알게

제7장 의사전달 시간관리 |

될 것이다. 누군가 다른 사람이 걸면 될 전화를 자신이 걸고 있거나, 어떤 종류의 전화에 그 가치 이상의 시간을 낭비하고 있는 것을 알게 될 것이다. 간단한 메모로 충분할 문제에 전화로 장시간 이야기를 하는 경우도 있다. 평균적인 비즈니스의 전화는 5분 내지 6분으로 끝내야 한다. 6분간의 대화는 대개 150자의 문서와 거의 맞먹는다.

이 전화사용 분석표를 중간형의 카드로 작성한다. 전화 한 번에 1장의 카드를 사용한다.

2주일이 경과하면 특정의 목표에 따라 이 카드를 분류한다. 예를 들면 자신이 건 전화와 걸려온 전화를 포함하고, 어느 특정 사람과의 전화에 관한 카드를 꺼내 비교한다. 이 카드의 대부분의 전화내용이 전에 발송한 문서내용 확인에 관한 것이라면 문서를 더욱 명확하게 표현할 필요성을 나타내는 것이다.

전화로 대화를 능숙하게 끝맺는 방법

대화를 능숙하게 끌어가기 위한 10원칙은 전화상의 대화에도 적용할 수 있는데 전화를 시간절약의 도구로써 활용하기 위한 아이디어를 소개한다.

① '외출중에 전화가 왔습니다' 라는 유의 낱장으로 인쇄된 메모 양식을 사용하는 대신에, 몇 개 같은 내용이 한 페이지에 인쇄되어 있는 복사용지로 된 A4 전화수신용지를 사용한다. 오리지널에는 절취선을 넣어두어 즉시 절취해서 수신자에게 건넬 수 있게 해둔다. 복사된 카피는 전화 수신기록이 된다.

[도표 7-3] 전화사용분석카드

전화사용 분석카드

이름   날짜

대화자명 _____   상대로부터____ 통화시간
내 용 _____   이쪽에서_____
_____   기타_____
_____   누가 이 통화를 처리할 수
_____   있는가?
_____   이름 _____

전화는 서류에 관한 것인가?

지난번 통화에 관한 것인가?

메모로 끝나지 않았던 것인가?

우선 순위로 본 가치   상   중   하

* 이 곳에는 참고사항을 기입, 예를 들면 통화중 중단 횟수, 통화중에
자료를 찾을 필요가 있는가 없는가 등.

한 장씩 되어 있는 것과 비교하면 다음과 같은 장점이 있다.

ⓐ 한 장 한 장 카피를 할 경우에는 분실 가능성이 있다. 기록하고 사용하기 위해서는 발생순으로 파일한다든가 특수 파일을 사용할 필요가 있는데 이 방법은 번거롭다. 패드(종이철)를 사용하면 발생순으로 기록하게 되며, 파일할 필요도 없고 필요한 전언(傳言)도 금방 알 수 있다.

ⓑ 전화를 걸어온 사람의 이름과 전화번호가 며칠, 또는 일주일이 경과한 후 필요하게 되었을 경우에도 기록이 남아 있으므로 비서가 바로 찾아낼 수 있다.

ⓒ 동일인의 전화빈도를 알 수 있다.

ⓓ 같은 문제에 관한 전화빈도 수를 알 수 있다.

ⓔ 자신의 사무실에 전체 어느 정도의 전화가 걸려오는지, 또 각 직원에게는 어느 정도 걸려오는지 알 수 있다.

ⓕ 기록이 남아 있으므로 정보가 필요할 때에는 바로 이용할 수 있다.

② 자신이 외부로 거는 전화에 대해서도 같은 기록을 작성한다. 전화로 이야기한 상대의 이름, 전화번호, 일시, 대화의 요점 등을 메모한다. 수신용으로 사용하도록 소개한 앞에 나온 패드와 같은 것을 활용할 수도 있다. 발신용과 수신용을 구별하기 위해 패드의 전면을 채색해둔다. 이 패드를 책상 위 전화 옆에 놓아둔다. 오리지널을 분리하고 동일인으로부터의 메모, 또는 같은 주제의 서류에 호치키스로 찍어두어 나중에 참고할 수 있게 파일에 넣어둔다. 자신의 부하들도 같은 방

법을 사용하면 좋으리라 생각된다.

③ 전화 메시지 내용은 간단하게 기록하도록 한다. 이를 위해 다음의 요령을 지키도록 한다.

ⓐ 가능하면 전화의 취지를 한 줄로 전달한다.

ⓑ 간단히 설명한다.

ⓒ 요구사항을 기록한다.

④ 전화를 거는 사람에게 자신에게 직접 전화를 걸지 말고 자신의 보좌관에게 전화를 하도록 평소에 알려둔다. 자신의 어시스턴트가 처리할 수 있는 내용의 전화가 걸려왔을 때에는 "담당자 OOO가 그 일에 전담입니다. 삼십 분 이내에 그가 전화를 하도록 할까요?" 라고 대답을 한다. 이 경우 OOO에게 사정을 설명하고 전화를 걸어온 상대에게 용건에 관해 특정 시간에 전화를 걸어 뭔가 그 외에도 유용한 정보가 있으면 제공하도록 한다. 이렇게 되면 전화를 걸어온 상대의 대부분은 직접 담당자에게 전화를 거는 편이 낫겠다는 것을 곧 알게 될 것이다.

⑤ 자신의 비서를 훈련시켜 걸려온 전화를 선별하도록 한다. 비서는 회사조직에 능통해서 전화응대에 누가 적합한지 알고 있어야 하며 전화를 걸어온 사람에게 어떻게 하면 시간을 절약하게 될 것인지 잘 알려줄 수 있어야 한다. 그러나 비서가 그 전화에 누가 응내해야 좋을지 잘 모를 경우에는 전화를 건 사람의 이름과 전화번호를 기록해두고, 적절한 담당자에게 다시 전화를 걸도록 한다.

비서에게 전화를 걸어온 사람의 시간도 배려하도록 주의시켜둔다. 전화를 걸어온 사람을 오래 기다리게 해서는 안 된다. 오래 기다려야 할 것 같은 때에는 다시 한번 걸어 주도록 부탁한다. 그러나 아무래도 조금 더 기다려야 할 필요가 있을 경우에는 1분마다, 적어도 2분마다 현재 노력중이란 것을 손님에게 알리도록 한다. 비서는 아직 "통화중입니다"라든가 "아직 끝나지 않았습니다"라는 식의 무뚝뚝한 말은 쓰지 말고 반드시 "스미스 씨. 정말 죄송합니다만 좀더 기다려주셔야겠습니다"라고 정확하게 말하며 또한 1, 2초의 여유를 주어 상대방이 뭔가 말하고 싶은 것이 있으면 말하도록 한다.

⑥ 사무실을 떠날 경우에는 반드시 행선지와 연락방법, 체재시간을 비서에게 알려두면 시간이 절약된다.

⑦ 전화를 걸어온 사람에게 시간이 없다는 것을 알린다. 3분밖에 없을 경우에는 처음에 그 사실을 먼저 알린다. 이렇게 하면 3분이 지났을 때 쉽게 말을 끝맺을 수 있다.

⑧ 전화 옆에 초시계인 3분계(計)를 놓아둔다. 대화가 시작되면 이 3분계를 사용하기 시작한다. 이 3분계를 2번 사용한다면 대화는 조금 긴 편이다.

⑨ 외부에 거는 전화는 우선순위를 정한다.

⑩ 자신이 전화를 거는 빈도수가 높은 리스트를 작성해둔다. 여기에는 긴급용 전화번호도 기입해둔다. 비서에게도 이 리스트를 가지고 있도록 한다.

⑪ 전화를 걸었을 때 기다리게 된 경우 자신의 통화상대와 내선

번호를 알아두어 전화가 끊겨도 바로 연결되도록 해둔다.

⑫ 전화로 '핑퐁'을 하는 일이 없도록 한다. 자신이 부재중에 전화를 걸어온 사람에게 이쪽에서 다시 전화를 했을 때 이번에는 상대가 없는 일이 없도록 자신이 언제 사무실에 있는지 상대에게 알려둔다. 또 상대에게 전화를 거는 데 가장 좋은 시간은 언제인지 알아둔다든가 특정시간에 통화할 수 있도록 상대방과 약속시간을 비서에게 정하도록 한다.

⑬ 전화를 걸 때, 또는 전화를 받을 때는 자신의 이름을 먼저 밝힌다. 서로 전화상대가 누구인지 묻는 것은 시간의 낭비이다.

⑭ 통화하고 싶은 상대가 부재중인 경우에는 비서를 통해 특정시간에 통화하도록 약속을 정해둔다. 이렇게 함으로써 상대와 통화할 수 없어서 낭비되는 시간을 절약할 수 있다.

⑮ 자신의 입장에서 판단해 실행 가능하다면 전화를 받는 시간을 제한한다. 예를 들면 오후 1시에서 3시까지의 시간에 한한다는 식으로 한다. 아침 몇 시간은 자신이 외부에 전화를 거는 시간으로 해둔다.

⑯ 정보 부족 때문에 전화가 계속 걸려오는 경우가 있다. 비즈니스 레터에 충분한 정보가 담겨 있지 않기 때문에 그 상세한 내용을 들으려고 전화가 걸려오는 일도 있다. 회사에서 결정한 가격표와 스케줄은 최신의 것으로 해 둘 필요가 있다.

⑰ 직함과 조직의 이름이 그 직능을 적절히 반영하도록 되어 있는가? 누구에게 전화를 해야 좋을지 모를 정도로 애매하면 가능한 한 상위직에게 전화를 걸려는 경향이 있다.

⑱ 전화 옆에 메모지와 연필을 항상 준비해둔다.

⑲ 외부에 전화를 걸 때에는 옆에 참고자료를 준비해두어 바로 참조할 수 있도록 한다.

⑳ 외부에 거는 전화번호는 함께 모아둔다.

㉑ 상대와 통화될 가능성이 높은 시간에 전화를 한다. 비서가 대신 전화를 걸어 줄 경우, 상대가 나오면 금방 전화를 받아 시간의 낭비를 막도록 한다.

㉒ 전화를 사용해서 회의를 할 수도 있다. 이 방법을 사용하면 몇 명이 한 곳에 모여 회의하는 시간을 절약할 수 있게 된다. 회의 멤버의 소재지가 각각 멀리 떨어져 있을 경우에는 출장 비의 절약도 된다.

㉓ 상대방이 괜찮다면 전화에 증폭기를 설치한다. 이렇게 하면 직장 동료들도 함께 전화내용을 들을 수 있어서 나중에 동료에게 전화내용을 설명하는 시간을 절약할 수 있다.

㉔ 통화중에 일어서는 것도 좋다. 긴장감에서 해방되어 상대에게 집중할 수가 있다.

㉕ 하루 중 특정시간에 전화가 걸려오면 전화를 연결시키지 않도록 비서에게 지시해둔다. 이렇게 하면 전화 때문에 업무가 중단되지 않는다.

㉖ 전화상의 대화도 몸짓, 손짓을 사용한다. 상대가 이쪽을 볼 수 없어도 이쪽의 상황을 목소리로 안다. 목소리가 자신의 상태와 반응을 반영해서 상대방에게 보다 더 잘 이해시킬 수 있다.

스피치를 잘하는 방법

스피치를 잘하는 방법을 다음과 같이 소개한다.

① 중간형 카드에 이야기의 주된 내용을 한 줄씩 써둔다. 즉 스피치의 엣센스(essence)를 한 줄로 해두는 것이다. 이것을 스피치의 도입에 사용한다.

② 스피치의 키포인트가 되는 아이디어, 또는 자기의 논점을 증명하는 아이디어에 관해 써둔다. 각각의 아이디어를 각각 카드에 기재해둔다.

③ 각각의 아이디어를 설명하기 위한 예를 찾아서 역시 이것을 카드에 기재해둔다. 이 카드는 각각의 아이디어를 기재하고 있는 카드에 호치키스로 찍어둔다.

④ 아이디어를 정리하고 4, 5개 정도 가장 좋다고 생각되는 것을 선택한다.

⑤ 자신이 선택한 아이디어를 논리적인 순서로 배열한다.

⑥ 또 한 장의 같은 크기의 카드에 아이디어의 개요를 적고 스피치의 목적에 관해서도 다시 한번 적는다. 이것을 결론으로 사용한다.

스피치를 간단히 연습하는 방법

① 스피치의 내용을 모두 적으려 하지 말라. 중간형 카드를 사

용하고 스피치 예정일 전에 몇 번 연습해본다. 만일 시간이 있으면 한 번에 스피치를 몇 개로 구분하여 조금씩 연습해본다. 맨 처음에는 몇 초 동안 행하면 좋다. 리허설마다 처음부터 연습하며 전번에 끝난 부분에 거듭 첨가하여 연습한다. 예를 들면 알파벳이 스피치 중 포인트라 하면 연습은 다음과 같이 된다.

> 첫 번째 리허설 A, B
> 두 번째 리허설 A, B, C, D
> 세 번째 리허설 A, B, C, D, E

이것을 반복한다.

이 방법을 사용하면 스피치 자료를 머릿속에 간단히 넣을 수 있는데 한 마디 한 마디 말 위주로 기억하지 않도록 주의한다. 기억할 것은 아이디어이며 이것의 표현을 연습하는 것이다. 반드시 매회 똑같이 표현할 필요는 없다.

② 스피치를 하는 2, 3일 전에 스피치의 서론, 순서를 매긴 키포인트, 결론을 카드 한 장을 이용해 각각에 관해 한 줄씩 적어본다. 이것은 기억을 되살리게 한다.

③ 이 한 장의 카드를 사용해서 리허설을 2회 정도 실시해 본다. 스피치를 할 때에는 이 한 장의 카드만 가져가면 된다. 이렇게 하면 스피치의 최고 프로같이 말할 수 있게 될 것이다.

인사말을 잘하는 방법

경영간부가 되면 강연자를 소개하거나 상장을 수여하는 일이 자주 있다. 이 때 뭔가 말을 해야 하는 일이 있는데 이 경우에는 다음 스텝을 밟는다.

강연자를 소개하는 방법
① 가능한 한 짧게 한다. 1분을 넘기지 않는다.
② 강연자의 강연주제를 소개한다.
③ 그 주제에 관하여 강연자가 얼마나 적격인가 하는 점을 말한다.
④ 강연주제가 분명하지 않은 경우에는 청중에 대해 강연내용이 얼마나 의미가 있는 것인가를 언급한다.
⑤ 강연자의 이름을 소개한다.

상을 줄 때의 유의사항
① 진지한 태도로 행한다.
② 왜 상이 주어지는지 언급한다.
③ 수상자에 관해 청중이 궁금해하는 관심사에 관해 간단히 언급한다.
④ 상의 가치에 관해 언급한다.
⑤ 수상자에게 축하의 말을 하며 축하해준다.

제7장 의사전달 시간관리 |

상을 받을 때의 인사방법

① 간결하게 한다.

② 따뜻하게 '감사'의 말을 표명한다.

③ 수상에 관해 신세진 사람들에게 "OOO 씨의 덕분입니다"라는 식으로 말한다.

④ 자신에게 이 수상이 어떤 의미를 갖는 것인지, 그 상을 어떻게 할 작정인지를 언급한다.

⑤ 감사의 말로 끝맺도록 한다.

 # 강연과 스피치 준비에서 해방되는 방법

경험과 경력이 있는 경영간부 중에는 자주 강연을 의뢰받는 사람이 있다. 만일 이런 입장에 있는 경우에는 스피치 준비에서 해방되는 방법이 있으므로 다음과 같이 소개한다.

① 고스트라이터(ghost writer; 대작자[代作者])를 두는 것이 일반적인 방법이다. 그러나 즉흥적으로 말하는 것이 능숙하지 않는 한 이것은 권하고 싶지 않다. 스피치는 청중 앞에서 소리를 내어 읽는 것은 아니다. 그러나 적은 것을 사전에 읽어 둘 수가 있으며 또한 내용도 알고 있어 간단한 아우트라인만으로 제스처를 첨가해 즉흥적으로 자신의 코멘트도 여기저기 삽입하고, 퍼스널 터치도 곁들여 말할 수 있다면 고스트 라이터가 쓴 스피치라도 괜찮으리라고 생각된다. 그러나 고스

트 라이터가 쓴 스피치를 그대로 따라 할 경우 스피치 포인트가 상실될 수가 있다.

② 이미 행했던 스피치 파일을 만든다. 이 스피치를 다시 재검토하고 새로운 청중에게 적합한 것으로 수정한다.

③ 자신의 어시스턴트에게 스피치를 해보도록 시키고 자신은 그것을 감독한다.

④ 아예 자신의 어시스턴트에게 스피치를 전부 하도록 한다. 자신의 장래 후보자로서 부하를 육성하기 위해 부하에게 경험을 쌓도록 함과 동시에 시야를 넓히게 하는 좋은 기회이며 스피치 준비를 하거나 스피치하는 시간을 절약할 수가 있다.

08

회의 시간관리

회의란 무엇인가?

고급요리가 계속 나오는 디너파티에 초대받은 적이 있는 사람은 더 이상 먹을 수 없을 만큼 포식한 적이 있을 것이다. 게다가 집에서 만든 매우 호화스런 디저트가 나와 깜짝 놀란다. 디저트를 만든 부인을 생각해서 거절할 수도 없다.

그렇다고 디저트는 한 조각도 먹을 수 없으므로 누군가가 이 디저트를 먹어줄 때까지 숨기고 싶은 기분이 된다. 회의가 매주 연속으로 있은 뒤에 또 회의소집을 당한 때의 기분이란 대개 이런 것이 아닐까 생각한다.

회의는 전문가와 비즈니스맨을 곤란하게 만드는 일종의 병이라 생각한다. 건강한 몸에 음식물이 필요한 것과 같이 건강한 조직에는 회의가 필요하다. 그러나 회의가 지나치게 잦으면 과식을 한 것과 같으며, 역효과를 초래해 조직의 건전한 기능에 고장을 일으키게 된다.

회의가 자주 있는 원인

회의는 일종의 병 같은 것으로 전염성이 있으며 곪는다. 따라서 피하기는 힘들다. 조직 속에 회의병이 발생하는 원인에는 다음과 같은 것이 있다.

① 디저트를 나르는 사람은 우리들의 건강은 생각지 않고 기호만을 염두에 두고 있듯이 잦은 회의는 으레 하는 것으로 여겨 조직의 건전한 기능에 공헌하는 것은 거의 없다. 사람들은 회의를 해서 문제에 관해 논의한다는 병에 걸리기 쉽다.

② 식사 후에 반드시 디저트를 먹는 것이 습관이 되어 있듯이 목요일 오후라든가 그 밖에 정해진 날에 회의를 한다는 것이 습관화되어 있는 경우가 있다. 그날이 그렇게 정해져 있으니까 회의를 위해 회의를 하는 경우도 있다.

③ 회의병은 옆에서 전염되어 오는 일도 있다. 영업부에서 매주 회의를 하고 있으니까, 경리부에서도 매주 1회 회의를 한다는 식이다.

④ 경영간부 중에서는 회의 회수가 조직에의 공헌도를 나타낸다고 생각하고 있는 경우도 있다. 회의에 소비되는 시간을 다른 데에, 즉 더 생산적인 일에 활용할 수 있는 경우는 많다.

⑤ 때에 따라서는 회의가 소집자의 편리성을 위해 개최되는 일이 있다. 한 명씩 잔소리를 하기보다 전체 회의를 소집해서 문제를 해결하는 것이 편리하다고 생각하는 경우이다. 예를 들면 존슨의 부서에는 20명의 부원이 있는데 그 중 3, 4명은 출근·회의·보고서 제출에 온갖 이유를 붙여 언제나 늦는다. 그러나 존슨은 맞대면해서 이 3, 4명에게 그 문제를 말하고 싶지 않다. 그래서 부서회의를 개최하여 늦지 않는 16명도 포함해서 20명에게 늦지 않는 것의 중요성에 관해 말한다. 존슨은 문제의 3, 4명이 늦는 것을 고치리라 기대하고 있

제8장 회의 시간관리 |

었던 것이다. 그런데 결과는 이 3, 4명은 예상과는 달리 다른 16명도 자신들과 마찬가지였던가 하는 식으로 받아들일 수가 있는 것이다. 그래서 회의는 이 사람들의 행동을 개선하는 데는 전혀 도움이 되지 못했으며, 오히려 다른 16명은 자신들에게는 문제가 없는데 비난받았으므로 사기가 떨어진다. 결국 20명의 부원과 부장의 시간이 낭비된 것이다.

회의병 문제 중의 하나는 한 문제에 관한 토의가 언제까지나 계속된다는 것이다. 한 시간 걸리면 끝날 회의가 서너 시간이나 계속된다. 한 시간이면 끝날 수 있는 회의에 10명이 출석해서 회의가 3시간이나 계속되면 20시간은 조직의 총시간에서 낭비된 것이 된다. 한 명의 한 시간당 인건비를 곱해 보면 이런 회의는 시간의 낭비일 뿐만 아니라 상당히 높은 비용이 손실된 것을 알게 될 것이다.

회의병을 없애는 처방전 24가지
다행스럽게도 회의병을 효과적으로 치료하는 방법이 있다.
① 회의의 이유를 명확히 한다. 먼저 이유를 생각하고 나서 회의를 한다.
② 정례회의를 때때로 취소하고 그 필요성을 테스트해본다.
③ 회의에 앞서 의제를 잘 검토한다. 이 의제를 거치지 않고라도 처리할 수 있는 것인지 검토한다.
④ 회의는 최고 경영자의 승낙을 필요로 한다는 룰을 채용한다.
⑤ 회의가 스케줄대로 종료되도록 퇴근시간 전이라든가 점심시

간 전에는 끝내도록 설정한다.

⑥ 지각하는 사람이 있어도 정해진 시간에 개최한다. 지각자의 도착을 기다려 주면 정각에 출석하는 사람들도 지각하게 되어 지각 상습자는 더 늦게 된다.

⑦ 회의가 방해받지 않도록 사무실에서 떨어진 곳에서 회의를 하는 것을 실험해 본다. 의제가 많을 때와 토론회 같은 경우에는 이 방식은 특히 효과적이다.

⑧ 회의의 효과적인 운영 자체에 주의를 집중한다.

⑨ 효과적으로 회의를 리드하기 위해 참석자를 훈련시킨다.

⑩ 회의를 구체적으로 계획한다. 누가, 무엇을, 언제, 왜, 어디서, 어떻게 할 것인가 확인한다.

⑪ 참가자에게 회의 목적에 관해 충분히 알려 회의 출석 준비를 할 수 있도록 한다. 관계자료를 지참하도록 한다.

⑫ 의제에 관한 파일을 항상 준비해둔다. 이 파일에 충분한 의제가 모이지 않는 한 회의를 소집하지 않도록 하며 정례회의는 하지 않는다. 의제 중에는 회의를 하지 않고도 혼자서 처리할 수 있는 것도 있기 때문이다.

⑬ 회의의 참석자는 의제에 관계있는 자로 제한한다. 참석자가 많아지면 의논이 길어지게 되어 그만큼 회의도 길어지게 된다.

⑭ 회의 참석자의 일부는 관계있는 의제가 토의될 때에만 참석하도록 한다. 어떤 부장이 부서회의를 할 경우, 판매부문의 조정 담당자에게는 판매에 관계있는 의제가 논의될 때에만

참석하도록 한다.

⑮ 매 의제에 제한시간을 두어 이것을 지키게 한다. 시간관리자를 임명해둔다.

⑯ 때때로 선 채로 회의를 한다. 의제가 하나, 둘밖에 없고 더욱이 뭔가 기록할 필요가 없을 경우에는 이 방법은 좋은 아이디어라 생각한다.

⑰ 지각 방지를 위해 가장 늦게 도착한 사람이 다음날 아침 전원에게 커피와 도넛을 한턱 내게 하는 경우도 있다. 그러나 이 방법은 효과적이지 않을 수도 있다. 평소에는 시간을 엄수하고 있던 사람이 때로는 피할 수 없는 사유로 한 번 정도 지각하는 일도 있는데, 이런 경우, 평소에는 지각을 잘하는데도 이 시간에는 지각하지 않아서 벌도 받지 않고, 벌을 받는 사람은 평소에는 시간을 엄수하는 사람이 나오게 된다. 그 대신 좀더 적극적인 동기를 만들어 행하는 편이 좋다. 예를 들면 어느 기간에 모든 회의에 지각하지 않고 참석한 사람에게는 회사비용으로 어떤 회합에 참가할 수 있도록 허가한다는 식이다.

⑱ 회의 의사록에 참석자, 결석자뿐만 아니라 지각자의 이름도 기재해서 지각하기 어렵도록 한다.

⑲ 비서에게 지시해서 회의중에 걸려오는 전화는 연결하지 않도록 한다.

⑳ 회의에 필요한 소도구는 미리 계획해서 준비해둔다. 예를 들면 넘기는 식의 도표, 프로젝트, 스크린, 칠판, 분필, 연필, 녹

음기, 충분한 수량의 의자 등이다. 프로젝트용의 예비 전구도 준비해두는 편이 현명하다.

㉑ 회의 출석자가 서로 얼굴을 볼 수 있게 책상과 의자 배치를 연구한다.

㉒ 회의 기록자는 출석자 전원의 얼굴이 보이는 곳에 앉는다.

㉓ 회의에 필요한 모든 자료가 들어있는 파일을 휴대한다. 비서에게 의제 및 의제와 관계있는 자료가 들어있는 파일을 준비하게 한다. 의제의 카피에 자신의 파일에 들어있는 자료를 메모해두면 필요한 자료를 찾는 시간을 절약할 수 있다.

㉔ 전날 밤에 몇 개 그룹과 면담하게 되어 있는 경우에는 그것이 연속되도록 계획을 짠다. 어느 큰 교회의 목사는 일주일에 매일 밤 교회 교육회의, 교회 업무회의, 교회 평의원회의가 있어 여기에 참석해야 했다. 교회의 멤버 중 몇 명은 이 중 두 회의에 참석하게 되어 있고 또 몇 명은 교회 합창대 멤버이며 청년부 리더도 겸하고 있었다. 목사도 교회 멤버도 앞에서 이야기한 회의병에 걸려 문제가 있었는데 어느날 밤 목사가 한 달 중 하룻밤을 교회 교육회의, 교회 평의원회의, 교회 업무회의에 참석할 것을 제안하여 문제가 해결되었다. 회의시간을 다음에서 다음으로 연결되게 짰다. 오후 6시 30분에 교회 교육회의 개최, 7시 25분에 폐회, 7시 30분에 교회 평의원회의 개최, 8시 25분 폐회, 교회 업무회의는 8시 30분 개최, 9시 30분 폐회라는 식으로 목사 이외는 한 달에 하룻밤에 집중적으로 행해지는 회의에 2시간 이상은 낭비하지 않

게 되었다. 목사도 3개 회의에서 종래에는 매일 밤 매 회의에 출석해서 6~8시간이나 걸렸는데 3시간만에 끝나게 되었다. 이전에는 한 회의에 2시간 혹은 그 이상의 시간이 걸렸던 것이지만, 할당된 시간 내에 수월하게 회의를 끝낼 수 있게 된 것이다.

회의를 하기 위한 룰

설명회를 제외하고 대개 회의는 하나의 목적 때문에 개최된다. 즉 의사결정을 하기 위해 행해지는 것이다. 의사결정을 하기 위해서는 거기에 해결해야 될 문제가 있다는 것이 전제된다. 따라서 회의 의제를 결정할 때에는 각각의 안건에 관해 다음과 같은 점에서 검토해 볼 필요가 있다.

① 이 안건에 관한 문제는 무엇인가?
② 무엇이 원인이 되어 문제가 일어났는가?
③ 이 문제 해결안은 무엇인가?
④ 최선의 해결안은 무엇인가?

다른 부서에서 안건에 관해 제안이 있는 경우에는 [도표 8-1]과 같은 양식의 서류를 사용해서 안건을 제출하도록 하는 것이 현명하다. 이런 양식의 서류를 사용하게 해서 제안할 경우는 안건에 관해

자세히 검토하게 된다. 그리고 여러 번의 검토과정에서 최선의 해결
책이 나와서 안건으로서 회의에 제출할 필요가 없어지게 되는 경우
도 있다. 또한 스태프는 최선의 해결책을 알고 있지만 회의에 붙이
기 전에 타부서의 멤버에게 검토시키고 싶은 경우도 있을 것이다.

[도표 8-1] 안건시트

안건시트

_____   _____
(회의참석 그룹명)   (개최일)

① 의제(구체적으로 기입)

② 문제내용(구체적으로 기입, 문제를 확실히 하는 데 필요한 경우에
는 예를 든다)

③ 문제의 원인(사실로서 알고 있는 원인을 리스트화한다)

④ 해결책(최하 두 가지 이상의 해결책을 내놓는다)

⑤ 최선의 해결책(자신이 최선이라 생각하는 것을 기입한다)

제출자 _____ (이름) _____ (직위)

어떤 경우에도 문제의 내용을 명확히 해서 그 원인을 리스트로 하는 것이 그 안건을 검토하는 데 기초가 된다. 안건에 아무런 코멘트도 하지 않고 출석한 스태프들도 검토에 냉담하다면 의사결정에 시간이 걸릴 것은 명백하다. 비서는 이들 안건에 관한 자료를 수집해 카피를 해서 이것을 회의 의제와 함께 회의에 앞서 참석자에게 배포해둔다. 이렇게 하면 참석자들도 회의 전에 문제에 관해 잘 생각해 둘 수 있는 여유가 생긴다.

 ## 회의를 효과적으로 운영하는 방법

회의의 사회를 맡을 경우에는 의제와 안건에 관해 문제를 이해하고 있는지 확인한다. 잘 모르는 점이 있으면 안건 제출자에게 간단히 설명하도록 요구한다. 안건으로 게재되어 있는 것 외에 문제의 원인이 있는지를 질문해 본다. 참석자 중에는 제안자보다도 그 안건에 관해 잘 알고 있는 사람도 있으므로 다른 해결책이 없는지 질문해 본다. 칠판이나 종이에 이 해결책을 적어보고 해결책이 실행 가능한 것임을 증명하도록 요구한다.

즉 전에 실행했던 적이 있었는가? 실행한 적이 있다면 어디서 행했으며 그 결과는 어떠했는가? 또는 뭔가 통계적인 수치가 있고 그것이 해결책이 잘 될 것임을 뒷받침하는가? 해결책의 제안자가 그 실행방법을 증명할 수 있는가?

제한 시간 안에 해결책을 모은다. 최선의 해결책을 결정한다. 투표로 해야만 하는 공식적인 것이 아니더라도 적어도 최선의 해결책에 관해 의견의 일치를 보는 것이 좋다. 실행을 담당할 자가 명백한 경우가 아니라면 결정된 일을 실행할 개인 또는 위원회를 지정해야 한다.

문제를 안고 있는 사람에게 토의의 리더를 하게 해서는 안 된다. 문제와 밀접한 관계가 있는 사람은 효과적으로 토의를 이끌어 갈 수가 없다.

의장으로서 회의진행에 특별히 주의를 기울인다. 엄격하게 절차를 지킬 필요가 있는 극히 공식적인 회의의 사회를 맡는 경우는 별도로 하고, 회의에 있어서 의사운영 절차에 꼭 따를 필요는 없다.

회의에 가능한 한 관계된 참석자가 모두 참여하도록 한다. 그러나 참석자 전원이 한 명 한 명 반드시 의견을 말해야 한다는 의미는 아니다. 의견을 물으면 체면을 지키기 위해서 한 마디는 하게 될 것이다. 참가자에게는 [도표 7-1]에 나타낸 강연회 지참 노트 같은 것을 사용하게 하면 좋다. 그러면 토의를 촉진하게 되며, 동시에 몇 번이나 같은 점을 반복하지 않고도 회의가 끝나게 된다.

토의를 촉진하는 질문을 한다. 질문은 토의를 효과적으로 진행하기 위한 것이므로 반대하고 있는 것 같은 인상을 주지 않도록 조심해야한다. 토의를 촉진시킬 목적으로 질문하는 경우에는 '예스', '노'의 답을 요구하는 질문은 하지 않는다. 관계있는 정보를 효과적으로 이끌어내는 합리적인 질문을 한다. 이 질문은 자신이 잘 모르는 기술적 분야의 문제일 수 있기 때문에 특히 주의한다. 《현명한 관리자》의 저자인 케프너는 다음과 같이 말하고 있다.

"경영은 점점 복잡해지고 경험은 따라가지 못하는 시대에 사회자는 새로운 이성적인 질문을 찾아내야 되며 경험에 의존해서는 안된다."

토의를 하면서 가능한 한 여러 번 정리한다. 칠판과 넘기는 식의 백지를 활용해서 토의된 요점을 열거해 간다. 질질 끌 경우에는 토의가 종료되도록 발언한다. 예를 들면, "문제에 관한 당신의 견해는 잘 알았습니다. 이쯤에서부터 해결책에 관해 여러분과 논의하고 싶습니다"라는 식으로 한다.

누가, 무엇을, 언제, 어디서, 어떻게라는 5가지에 관해 이해한 다음 비로소 결정 또는 문제의 해결책을 찾았다고 말하도록 염두에 둔다. 미해결인 채로 두면 그것을 처리하기 위해 나중에 회의를 또 하게 되어 시간의 낭비가 된다.

결정사항에 관해 그 진행을 지켜볼 필요가 있을 경우에는 그 진행 관리 책임자를 누구로 할 것인지, 누구에게 결정 진행 결과를 보고할 것인지도 회의에서 토의해 결정한다.

 ## 회의록 작성법

회의록에는 회의내용에 따라 여러 종류가 있다. 예를 들면 이사회 같은 정식회의에서는 완전한 공식 회의록을 작성할 필요가 있다. 이 회의록은 필요한 경우에는 이사회의 행위, 혹은 의사를 증명하는 것으로서 재판에서 사용될 수도 있는 것이다. 회사의 이사회의 회의록은 부서회의의 회의록에 비해 훨씬 공식적인 것이다.

회의내용을 기록으로 남기는 회의록은 무엇에 활용되는가에 따라 결정된다. 회의록에는 완전히 공식적인 것에서부터 회의의 개요만을 적는 것까지 여러 종류가 있다. 회의록을 짧은 시간에 간략히 작성하기 위해서는 철저하게 준비된 의제가 필요하다. 다음에 소개하는 시스템은 기록자가 회의중에 최저한의 노트를 한 것만으로 회의록을 90%는 작성할 수 있는 방법이다.

안건의 기본형과 그 준비

공식적인 회의의 의제에는 각 안건마다 발언내용 찬반, 동의(動議) 제안자, 찬성자, 반대자, 동의의 성립, 불성립 등을 반드시 적고, 비공식 회의에서는 찬반, 동기 등에 관해 구체적인 표현을 쓸 공간을 두지 말고, 간단한 말로 결정사항을 기록한다.

① 공식적 회의의 의제인 경우
전번 회의의 회의록 승인 건
제안자 이름 :
찬성자 이름 :
표결 결과 :
② 비공식 회의의 의제인 경우
종업원의 건강관리에 관한 건
조치 :

(안건마다 공간을 약간 두어 간결하게 실시내용, 결정사항을 기록할 수 있게 한다)

공식적 회의를 위해 의안을 준비할 경우에는 의안 준비 절차에 관해 비서와 정기적으로(최저 1년 1회) 평가해보고 절차를 개선하여 시간을 절약할 수 있는지 검토한다. 그럴 경우 고려할 점을 몇 가지 소개한다.

[도표 8-2] 의견서

의 견 서

_____
(개최일)

항목
설명내용
권고안

제출자 _____
(의견 제안자명 및 부서명)

① 의견서를 사용한다([도표 8-2] 참조). 의견서와 [도표 8-1]의 안건 시트를 혼동하지 말기 바란다. 안건 시트는 주로 부서의 스태프 회의에 사용하는 것이며, 의견서는 이사회 같은 공식적인 회의에서 사용하게 된다.

스태프 토의용으로 사용되는 안건 시트는 기재된 문제가 이
사회의 승인을 요할 경우에는 나중에 정식 승인을 받기 위해
의견서에 기재하는 일도 있을 수 있다. 의견서는 회의에 제
안할 부서가 작성하는 것으로 비서가 준비한다.

ⓐ 회의록에 철하기 쉽게 구멍을 뚫어둔다.

ⓑ 안건과 관계있는 부속 자료를 첨부하고 의견서를 그 위
에 붙여둔다.

ⓒ 회의에 필요한 부수를 카피해둔다.

[도표 8-3] 정례 의제 카드

정례 의제

항목

담당부서(책임자명) _____

이사회용 의제 _____ (개최일)

사장 앞 제출기일 _____ (날짜)

비고 _____

_____

장점 : 이렇게 해두면 각 부서는 책임감을 갖고 자기 부서의
안건을 준비하게 된다. 또한, 나중에 모든 안건을 파일에 넣
고 꺼내는 데 편리하다. 만일 이사회가 의견서에 기재되어

있는 권고를 채택한 경우에는 그 부분의 회의록은 이미 비서가 준비하고 있는 것이나 다름없으며, 비서는 그 내용의 정확성을 체크하면 된다.

② 의제로 기재하기 위해 안건을 제출하는 최종 기한을 설정하고 이것을 철저히 지키도록 한다.

③ 비서는 정례 의제 카드([도표 8-3])를 작성하고, 안건으로 매회 제출하지는 않지만 정기적으로 제출되는 안건, 예를 들면 연차보고서와 행정상 규정에 따라 실시할 항목을 기재한다.

장점 : 관련부서는 최종 기한에 맞춰 안건 준비에 충분한 시간을 가질 수 있고, 비서는 필요한 안건을 준비하도록 관련부서에 의뢰할 수 있게 된다.

비행계획표의 장점

[도표 8-4 A] 같은 비행계획표를 작성해두면 대부분의 보고회 및 설명회는 하지 않을 수 있다.

비행 계획

이륙대기	비행중	무사착륙	사고발생	SOS

이 비행계획표 방식을 채택할 경우에는 그림압정으로 고정할 수 있는 판자가 필요하며, 크기는 1평방미터 정도로 각 부서장과 관리자와 스태프가 용이하게 볼 수 있게 벽에 부착해둔다. 이 판자의 가장 위쪽에는 '비행계획표'라는 제명을 써둔다. 이것을 세로로 5분할하고 종이와 리본 등을 사용해서 차별화한다. 그리고 각 난에 '이륙대기' '비행중' '무사착륙' '사고발생' 'SOS'라고 기입한다.

소형 카드에 [도표 8-4 B]와 같이 인쇄하고 각 프로젝트를 색깔로 분류한다. 예를 들면 황색은 프로젝트 입안, 초록은 연락 프로젝트, 파랑은 조사 프로젝트, 산호색은 연구 프로젝트라는 식으로 한다. 비행계획표 끝에 구멍을 뚫어 이런 카드를 철해 두어 언제라도 사용힐 수 있게 헤둔다.

[도표 8-4 B] 비행계획 프로젝트 카드

프로젝트 _____
_____
_____

목표기일 _____
프로젝트 담당자 _____
부서 _____ 전화 _____

　　프로젝트가 할당되면 프로젝트 담당자는 프로젝트 카드에 기재하고 '이륙 대기' 난에 이것을 달아둔다. 이 프로젝트에 관해 활동을 시작하면 담당자는 이 카드를 '비행중' 난으로 이동한다. 프로젝트가 완성되면 카드를 '무사착륙' 난으로 이동하게 된다.

　　그러나 담당자가 문제가 생겨 중간에 활동을 정지해버린 경우에는 카드를 '사고발생' 난에 달아둔다. 그 카드에 메모를 해서 어떤 사고가 발생했는지 기입해둔다. 이 사고의 해결에 더 많은 정보가 필요하고, 담당자가 어디에서 그 정보를 입수해야 할지 모르는 경우도 있고, 관계자가 그것을 보고 무엇이 결여되어 있는지, 어디서 그것을 입수할 수 있는지 알고 있는 경우도 있다. 또 프로젝트에 아무런 문제는 없으나 기일이 촉박한 경우도 있다.

　　예를 들면 유행성 감기로 결근자가 많아 누군가가 도와주지 않는 한 프로젝트는 목표기일까지 완성할 수 없는 경우가 있다. 이런 경우에는 'SOS' 난에 카드를 이동시켜 누군가가 도와주어 목표기일까지 프로젝트가 완성되도록 한다.

많은 회사에서 이 같은 방식을 사용하고 있는데 여기에는 다음과 같은 장점이 있다.

① 누구나 각 프로젝트의 과정을 알고 있어 이중 노력을 하지 않고 끝내게 된다.

② 경영간부는 한눈에 과정을 알 수 있다. 동일 카드가 '비행중'에 지나치게 오랫동안 체류하고 있는 경우에는 프로젝트 담당자와 프로젝트에 관해 검토할 수 있다. 마찬가지로 '사고발생' 'SOS' 난에 동일 카드가 오래 체류하고 있는 경우도 이 프로젝트의 관계자와 만나 원인을 찾아낼 수 있게 된다.

③ 회의시간을 절약하게 된다. 2, 3 명만이 관계하는 프로젝트에 스태프 전원이 그 설명을 듣기 위해 회의에 참석할 필요가 없어진다. 그러나 동시에 모든 프로젝트에 관해 모두에게 알릴 수가 있다.

④ 커뮤니케이션(의사전달)의 한 방식이 된다. 식당이라든가 종업원이 비공식으로 자주 모이는 곳에 이 비행계획표를 붙여두면 좋다.

⑤ 스태프·멤버간의 팀워크를 촉진하게 된다. 물론 종업원이 바쁘다는 이유로 무시하고 지원해주지 않았다는 보고가 있을 수도 있다. 그러나 이 같은 설명방식을 사용하고 있는 회사에서는 대개의 경우 팀워크 정신이 발달되어 종업원간에 지원이 필요한 경우에는 상호 지원을 하게 된다.

⑥ 부하의 업무 진행상황에 관해 최고 경영자가 관심을 나타내는 것은 무척 좋은 방법이라 생각된다. 가능한 한 비행계획표를 보고 프로젝트의 진행시 팀워크가 잘 이루어지는 경우에는 부하를 격려하는 코멘트를 때때로 하면 좋다.

⑦ 프로젝트 담당자는 자신의 카드를 '무사착륙' 난에 부착할 때 일종의 성취감을 맛볼 수 있다. '무사착륙' 난에 부착된 카드는 바로 떼지 말고 일주일이나 10일 정도 그대로 둔다. 때로는 격려의 말을 카드에 적어둔다. "수고했습니다. 잘 해냈습니다"라는 식으로 적는다.

09

리더십의 시간관리

리더십의 원칙

　리더십(지도력, 통솔력)의 전문가 수와 같은 정도로 리더십의 유형도 여러가지가 있다. 어떤 전문가는 리더십을 독재적, 종합적, 허용적으로 분류하고 있으며 독재형, 관료형, 외교관적인 참여형, 맡겨 버리는 형 등으로 분류하는 경우도 있다. 또는 착취적인 독재형, 가부장적 권위주의형, 상담형, 참여형 등과 같이 분류하는 경우도 있다. 미국 해군에서는 다음과 같이 분류하고 있다. 즉 독재형, 민주형, 유연(柔軟)형의 세 가지로 분류한다.

　시간을 잘 관리하기 위한 리더십이라는 것은 리드하는 자, 리드 당하는 자, 그리고 환경에 따라 결정된다. 시간관리에 능한 경영간부는 여러가지 리더십을 활용한다. 예를 들면 긴급사태에 직면했을 때 서둘러 필요한 조치를 취하기 위해서는 독재적인 스타일이 필요하게 된다. 시간관리에 뛰어난 경영간부는 바로 명령을 내리고, 신속하게 대응한다. 그러나 긴급을 요하지 않는 상태에서는 민주적인 리더십의 스타일을 취하게 된다. 당장 눈앞의 시간은 더 많이 걸릴지 모르나 전체적으로는 시간이 절약된다.

리드해도 리드당하는 자의 반응이 없는 경우
　지도자가 되기 위해서는 따라오는 사람이 있어야 하며, 리더십이란 지도자와 이에 따라오는 자와의 관계라고 할 수 있다. 제임스 T. 맥케이는 그의 저서《시간관리》에서 다음과 같이 기술하고 있다.

"지도자인가 아닌가는 다음과 같은 점이 어떤 상황에 있는가에 따라 결정된다.
① 지도자를 따르는 사람이 있는가?
② 따르는 사람들은 자유의사에 의해 따르는가?
③ 사람들이 하고 싶어하는 것을 하도록 가장 좋은 방법을 제시하는가?
④ 이와 같은 방법을 가장 훌륭하게 행할 수 있는가?"

리더십에는 목적이 명시되고 있다는 것, 꼭 승리해야 할 전쟁이 있다는 것, 즉 도달해야 할 목표가 존재한다는 것이 전제가 되고 있는 것이다. 리더십을 발휘할 지위에 있는 경영간부는《신약성서》에 있는 다음과 같은 말을 잘 기억해야 된다.

"만일 나팔이 분명치 못한 소리를 내면 누가 전쟁을 예비하리요."(고린도전서 14 : 8). 즉 부하(따라오는 사람)는 목표(분명한 소리)를 듣고 이해할 수 없다면, 목표달성을 완수할 자기의 역할에 관심을 표시하지 않게(전쟁을 예비하지 않게) 된다.

R. 리카도의 연구결과에 의하면 종업원의 목표달성에 대한 참여도가 높으면 높을수록 종업원의 열의는 점증된다고 한다. 부하에게 설명하고 커뮤니케이션을 행하고 상담하는 데는 시간이 걸리기는 하나, 참여형의 방법은 리더십의 스타일로서는 가장 효과가 높은

방법이다.

동기부여는 목표달성에 가장 중요한 요소이며, 동기부여가 된 종업원은 동기부여가 안 된 종업원에 비해 목표달성을 위해 전력투구하게 된다. 따라서 시간관리란 측면에서도 목표설정, 의사결정, 책임의 분담, 조직 속의 공개적인 정보 공유는 종업원을 관리하는 리더십의 기본적인 스타일이다.

 ## 종업원의 시간관리

부주의, 낭비, 실수, 아무 일도 안 하고 빈들거림, 바람직하지 않은 태도, 무단결근, 지각 이런 것이 쌓이고 쌓여서 매년 큰 금액이 된다. 사원 한 사람이 하루 10분을 헛되게 쓰면 1년이면(1년 300일 출근, 1주에 44시간 근무) 1주일 이상 회사를 쉰 결과가 되며, 사원 10명인 회사라면 1년간의 목표달성이 연 10주 이상 늦어지게 된다. 물론 일의 계획을 세울 때 어느 정도의 여유는 예정하기는 하나 시간관리가 훌륭한 지도자는 낭비하는 시간이 없도록 하는 것이 최선이다. 시간 낭비를 없애는 방법에는 두 가지가 있다. 첫째는 모범을 보여주는 것, 둘째는 동기를 부여하는 것이다.

좋은 모범을 보여주어 부하에게 시간을 절약하게 하는 방법
랄프 W. 에머슨은 '조직은 한 남자의 긴 그림자' 라고 말한다.
부하는 자기 상사의 일하는 방법을 본받는 경향이 있다. 상사가

시간을 헛되게 보내는 타입이면 그 부하도 같은 버릇을 자기도 모르게 몸에 지닌다고 가정해도 틀림이 없다. 주의하지 않으면 어느 사이엔가 몸에 배어 시간을 헛되게 보내는 버릇이 생겨난다.

① 하지 않아도 될 일을 한다. 제2장에서 설명한 시간분석표([도표 2-2])를 정기적으로 사용하여 어떤 일을 하고 있기에 시간을 헛되게 보내는가를 검토해 보라.

② 일을 위임하고 있지 않다. 일을 부하에게 떠맡겼다고 하나 그 일을 시키지 않고 있다.

③ 지각한다, 커피브레이크에 많은 시간을 보낸다, 일찍 일을 그만둔다 등등을 상사의 특권처럼 여기고 있다. 그러나 이런 것들이 부하의 일하는 속도에 영향을 준다.

④ 타인의 시간을 헛되게 한다. 피터 드러커는 '효과적으로 일하는 것과 관계가 없고, 또한 시간을 헛되게 함에도 불구하고 상사 때문에 일을 계속하고 있는 것은 무엇인가를 부하에게 물어보라…'고 기술하고 있다. 드러커에 의하면 직언하는 것을 두려워하지 않고 이 같은 질문을 부하에게 할 수 있다면 그는 유능한 경영간부라는 증거이다.

⑤ 자기 일이나 회사에 대하여 좋은 태도를 보이지 않는다. 경영간부가 회사에 대해 비판적이며 자기 일에 대해 열의가 없다면 부하도 비판적이 되고 열의를 상실한다. 반대로 경영간부가 회사 일에 대해 열의를 불태우고 있으면 부하도 열의를 갖고 일하는 팀이 된다.

제9장 리더십의 시간관리 |

⑥ 부하를 실망시킨다. 부하의 정신을 고무(鼓舞)한다는 것은 체내에 산소를 공급해주는 것과 같다. 무엇인가 해내겠다는 의지는 격려가 없으면 오래 지속되지 못한다.

⑦ 사무처리에 시간을 낭비한다. 언제나 책상 위의 서류를 만지작거리며, 또한 서류를 산더미같이 쌓아놓으면서 새로운 일을 착수하는 것보다는 전에 하던 일에만 집착하려는 경향이 있는 부하에게 구실을 주는 결과가 된다.

동기를 부여함으로써 시간을 절약하게 하는 방법

조직은 리더에게 권한을 부여하고 있는데, 진짜 권한이란 리더에 따르려는 부하의 의사에서 발생하는 것이다. 시간을 효과적으로 활용하는 리더는 부하 각각의 욕구를 충족시킴으로써 리더에 따르도록 부하에게 동기를 부여하는 노력을 한다. 부하의 욕구는 리더의 욕구와 같은 것이다.

누구에게나 기본적인 욕구는 의, 식, 주이다. 그 다음으로 안정된 수입, 보험, 연금제도, 물가와 연동된 임금 등과 같이 안전에 대한 보장이 뒤따른다. 그 다음은 사람들로부터 받아들여지는 욕구, 즉 사회적인 욕구라는 것이 있다. 이것은 친구를 갖는다든가 어딘가에 소속하고자 하는 욕구인 것이다. 이 밖에도 누구에게나 존경받고 싶은 욕구가 있다. 감사받고, 존경받고, 지위를 갖고자 하는 욕구이다. 인간 욕구의 최상의 것은 무엇인가를 달성하는 것, 즉 자기의 잠재능력을 발휘하여 어떤 것을 성취하는 욕구인 것이다.

다음은 일반적이고 객관적이며 전문가도 동의하고 있는 동기가 되는 데 필요한 것이다.

① 도전하는 일
② 조직의 목표에 틀림없이 공헌하는 기회
③ 자기가 갖고 있는 숙련도와 능력을 인정받는 기회
④ 자기의 영향에 따라 의사결정이 되는 기회
⑤ 좋은 일을 했을 때 인정받는 것
⑥ 승진할 수 있는 기회
⑦ 성장할 수 있는 자유
⑧ 더욱 큰 책임을 담당하게 될 가능성

도전하는 일

목표지향형과 과정중시형 두 타입의 사람이 있으며 이 두 개 형
의 차이점은 다음과 같다.

[목표지향형]

① 결과가 되어가는 형편이 구체적으로 알려지는 것과 결과에
   대한 정보를 요구한다. 자기의 성적을 평가받기 바란다.
② 보수를 열심히 일하는 자극으로보다 달성도를 표시하는 평
   가치라고 생각한다.
③ 목표달성이 가능한 때에는 일에 대해 개인적인 책임을 지려
   고 한다.
④ 창조적인 기회를 좋아한다.

제9장 리더십의 시간관리 |

⑤ 어느 정도의 위험이 있는 목표를 바란다.
⑥ 곤란한 문제해결에 대해 만족감을 얻는다.
⑦ 목표에 대해 열의와 생리적인 에너지를 쏟는다.
⑧ 스스로 행동한다.

[과정중시형]

① 결과에 대해 알려지거나 평가되는 것을 회피한다. 결과에 대한 평가보다는 자기 성적을 평가받기를 원한다.
② 보수를 일하는 데 필요한 자극제라고 생각한다.
③ 성공할 기회가 있어도 개인적인 책임은 회피한다.
④ 정례(定例)적인 일을 좋아한다.
⑤ 낮은 리스크(위험)뿐만 아니라 높은 리스크가 따르는 목표도 바란다.
⑥ 문제해결보다 더한층 노력하는 데 만족감을 갖는다.
⑦ 열의가 있을 때도 있고 없을 때도 있다. 생리적인 에너지는 목표에 대해 나오지는 않는다.
⑧ 세부적인 지시에 따르기를 좋아한다.

다시 말해서 관심을 끄는 것도 도전이 되는 것도 사람에 따라 다르다. 직원의 개인적인 지향을 발견하고, 개개인의 개성, 성격에 따라서 가능한 일을 할당해보는 것이 필요하다. 직원이 그 일을 잘 소화하어 치리하고 있는지 아닌지를 직원 배치상황표를 정기적으로 검토해 봐야 한다. 또한 더 많은 관심과 도전이 생겨나도록 업무내용이나 일의 할당을 변경하는 것도 고려해야 한다.

조직의 목표에 공헌하는 기회

직원을 계획서, 최종 시한의 설정 등을 작성하는 데 참여시키고, 변경할 때도 참여케 하여 자신이 팀의 일원이라는 느낌을 갖게 한다. 이렇게 직원에게 소속감을 부여함으로써 결과에 대한 욕구를 충족시키게 한다.

자기가 갖고 있는 숙련도와 능력을 인정받는 기회

자기의 부하 수가 아주 적을 경우에는 그 한 사람 한 사람에 대해서 잘 알 수 있다. 부하가 갖는 특별한 재능이 무엇인가를 알 수 있다. 다시 말해 뭔가 특별한 이야기를 하거나 그 사람의 취미생활 같은 것을 통해 알 수도 있다. 부하 중에는 글씨를 쓰는 재능이 뛰어난 사람도 있고, 뭔가 조직화하는 능력을 지닌 사람도 있고, 골프나 볼링 선수가 있기도 하고, 지역의 웅변 클럽의 리더, 우표나 세계 여러 나라의 스푼 수집가도 있다. 이와 같은 특별한 재능이나 숙련을 포함한 모든 능력을 매일 함께 일하는(상사도 포함) 사람이 인정하고 평가하는 것은 필요한 것이다. 종업원에게는 같이 일하는 가족의 일원으로서의 지위가 필요하며, 특별한 재능이나 숙련도를 인정받는 것은 존경받고 싶다는 욕구를 충족시키는 데 도움이 된다.

특별한 재능이나 숙련도를 인정받고 그것을 일에 활용할 수 있다면 바람직한 것이나, 능력 중에는 당장 일에 활용될 수 없는 것도 있다. 예를 들면 스푼 수집 같은 것이 그렇다. 그러나 이런 때에도 사보에 실어 널리 알리거나, 종업원용 식당이나 휴게실에 수집품을 전시할 기회를 줄 수도 있다. 혹은 골프나 볼링 선수는 종업원의 골프 모임이나 볼링 클럽에서 솜씨를 자랑할 수 있도록 한다. 시간이 많이 필요하다든가, 계획이 꽉 차서 그런 사치스러운 일은 할 수가 없다고 생각될 때에도 우선순위를 가려서 실현되도록 고려한다. 그렇게 함으로써 침체된 분위기에서 잃어버리는 시간을 절약할 수 있게 된다.

부하의 수가 많아 개인적으로 부하에 대해서 알 수가 없을 때에는 누군가 보좌하는 사람에게 부하의 재능이나 취미를 찾아내도록 하면 된다.

자기의 영향에 따라 의사결정이 되는 기회

가능한 한 의사결정 과정에 부하직원을 참여시킨다. 의사결정이 부하에게 주는 영향에 대해 인식시킨다. 부하직원에게 주는 영향에 대하여 자기가 알고 있는 것을 알린다. 의사결정이 된 이유를 알린다. 의사결정 상황에 대해 부하 직원의 의견을 청취한다. 부하에게 진행 상황을 알려준다. 이것은 자기 조직 내부에서 발생한 일을 외부 사람을 통해 알게 되는 것은 종업원의 사기를 저하시키기 때문이다.

의사결정에 부하를 참여시키는 것은 부하의 참여하고 싶은 욕구와 존경받고 싶다는 욕구를 동시에 충족시키게 된다.

좋은 일을 했을 때 인정받는 것

부하가 한 역할에 대해서는 꼭 평가를 해주고 조직의 목적을 달성하기 위해서 부하가 공헌한다는 것은 성공의 열쇠인 것이다. 부하가 그 성공의 열쇠를 발견하고 성공적으로 활용했을 때는 반드시 평가를 해주어야 된다. 어떤 부하이든 정도의 차이는 있어도 평가는 필요하다. 좋은 업적을 올렸을 때의 평가방법은 여러가지가 있으나 가장 보편적인 방법은 평가를 위해 면담하는 것이다. 업적에 대해 지도하는 방법은 이 장 끝에 기술한다.

많은 회사에서는 제안이나 제도를 활용하여 종업원에게 조직의 목적에 공헌하도록 하고, 그 공헌도를 평가한다. [도표 9-1]은 아이디어를 제안할 때 사용하는 서식의 일례이다. 경영간부는 제출된 제안을 신중하게 처리해야 하며, 내용의 좋고 나쁘고에 관계없이 그 제안 내용을 평가해야 한다. 아이디어가 현실적이 못 되어 사용할 수 없을 때에는 채용되지 못한 이유를 잘 설명해야 한다. 그 이유가 명확하지 못하면 종업원은 의욕을 잃게 되며, 명확한 이유의 제시 없이 채용하지 않는 상황이 오래 계속되면 종업원의 적극적인 의욕을 상실하게 한다. 좋은 제안을 조직에 활용할 때에는 그 아이디어를 제안한 종업원을 공식적으로 평가해야 하며, 그 일을 했을 때에 평가하고 인정하는 것은 종업원의 존경받고 싶어하는 욕구를 충족시키는 것이 된다.

승진할 수 있는 기회

종업원은 조직의 목적 이외에 개인적인 목적을 추구하려는 노력을 한다. 시간을 효과적으로 활용하는 경영간부는 부하의 개인적인 목표도 달성할 수 있도록 격려하고 도와준다. 목표를 향해 전진하면서 종업원은 자기 개인적인 직업상의 목표를 차례로 이루어 가므로 상사는 부하와 같이 직업상의 욕구에 대해서 정기적으로 개인적인 상담을 할 필요가 있다. 경영간부는 부하가 목표를 향해 노력할 수 있도록 독려하고 도와주어야 한다. 이와 같이 부하를 격려하는 것은 부하의 일에 대한 의욕을 향상시키게 한다.

[도표 9-1] 종업원 제안서

제 안 서

아이디어 내용

현재 방법

아이디어가 좋은 이유

이름 _____ 부서명 _____ 날짜 _____

주의　① 아이디어 1건에 1매 사용한다.
　　　② 입력 또는 읽기 쉬운 글자로 쓴다.
　　　③ 필요하면 약도 또는 도면을 첨부한다.
　　　④ 자기 보관용으로 카피를 갖고 있다.
　　　⑤ 원본을 제안함에 넣는다.

더 큰 책임을 담당하게 될 가능성

때에 따라서는 조직 속에서 승진할 기회가 전혀 없을 때가 있다. 아무도 사직하는 사람이 없다든가, 정년 퇴직자가 없다든가, 또는 새 지점도 새 부문도 생겨나지 않는 때도 있다. 이런 경우 의욕이 강한 부하가 같은 직위에 몇 년씩이나 머물러 있게 되면 모든 동기부여의 조건이 없어지게 된다. 의욕이 강한 부하는 지루함을 참을 수 없게 된다. 이런 지루한 상태가 지속되면 모든 의욕을 북돋우려는 시책도 목표달성 의욕도 없어지게 된다. 지루함과 싸우는 방법의 하나는 현재의 일에 부하가 뭔가 더 책임 있는 일을 담당하게 하든가, 적어도 어떤 다른 일을 담당케 하는 것이 필요하다.

시간을 잘 활용하고자 하는 경영간부는 인사이동이 이런 때를 위한 하나의 수단이라고 생각한다. 그렇게 함으로써 종업원은 2, 3종의 다른 직위를 잘 처리할 수 있는 방법을 배우게 된다. 인사이동에 의해 종업원은 더 많은 책임을 담당할 수 있게 될 뿐만 아니라, 창조적인 자극도 받게 되어 종래의 방법을 개선하는 데도 도움이 된다. 또한 존경받기를 원하는 욕구도 채워지며, 더욱이 잠재적인 능력을 십분 발휘할 수 있는 기회가 주어지는 경우도 있다.

일을 맡기는 방법

경영간부가 관리와 관계가 없는 사소한 잡일에 쓸데없이 시간을 허비하지 않으려면 부하에게 일을 맡기는 것이다. 일을 맡긴다는 것은 그 일이 싫어서 부하에게 맡기는 것이 아니라 자기 부하를 육성하는 것이다.

일을 맡기는 이유와 타이밍

자기에게는 시간이 없고 부하에게는 할일이 없다. 이런 상황은 일을 맡길 좋은 타이밍이다. 일을 안 맡기면 자기는 시간적 구속을 받게 된다. 일을 오늘 맡길 수 있다면 내일까지 일의 완성을 연기할 필요는 없다. 일이 바쁘지 않을 때 부하의 육성에 한 시간을 소비하면 나중에는 몇 시간을 자기 시간을 절약할 수 있는 결과가 돌아온다. 부하가 새로운 도전에 맞서서 싸울 준비가 되어 있을 때 일을 맡겨라.

맡기는 일의 내용

매일 하는 일 중에서 맡긴다.
① 임시적으로 맡길 수 있는 일
② 사실 조사의 일
③ 리포트, 개요서, 방침서, 절차 등의 초안 작성
④ 문제의 분석
⑤ 정례적인 일
⑥ 리포트, 설명서의 자료 수집
⑦ 부하에게 도전을 주는 일
⑧ 부하의 능력을 테스트하게 되는 특정 분야의 일
⑨ 자기의 책임, 직능에 속하는 작은 부분의 일

일을 맡기는 방법

시간을 잘 활용하기 위하여 일 맡기는 방법을 몸에 배게 하라.

① 부하의 권한, 책임을 서서히 늘려 나간다.

② 맡길 일에 명확하고 현실적인 목표를 설정한다.

③ 일에 대하여 명료하게 설명한다.

④ 일을 맡길 때에는 관계되는 방침 절차에 대해서도 충분한 정보를 그 부하에게 주어야 한다.

⑤ 맡기는 일에 관계되는 책임의 범위를 명확하게 한다. 권한의 범위를 충분히 이해하지 못할 때에는 일을 맡기지 않는다.

⑥ 부하에게 결정권한이 있을 때에는 결정권한을 행사케 한다. 부하 대신 자기가 결정하려는 기분은 억제한다.

⑦ 긴급 문제를 부하에게 맡겼을 때 그것을 처리할 수 있도록 시간을 충분히 준다. 다음에 같은 문제가 발생했을 때에는 자기가 해결할 수 있게 한다.

⑧ 맡겨진 일에 대해 부하가 질문해 왔을 때 즉석에서 회답을 주지 말고 부하가 그 문제에 대해 다시 한번 잘 생각하도록 한다.

⑨ 일의 진행과정을 검토할 수 있도록 중간보고를 입수할 수 있는 제도를 만든다.

⑩ 현실적인 완료일을 설정한다.

⑪ 자기의 직속 부하에게 일을 밑긴다. 직속 부하의 부하가 그 일을 맡고, 그것을 다시금 누구에게 맡길 것인지는 직속 부하가 결정하도록 한다.

⑫ 부하가 행한 결정을 바꿀 필요가 있을 때에는 부하에게 그 결정을 바꾸는 것을 허락 받도록 한다. 부하를 타인의 면전에서 비난하든가 결정을 바꾸도록 명령하지 말라. 직속부하와 그 부하들의 관계를 고려하여 자기의 부하를 존중한다.

⑬ 일을 맡긴 부하에게 실행에 필요한 권한을 주고, 그 뜻을 관계자에게 알린다. 일을 맡은 부하가 그 일을 수행함에 있어 정보나 도움을 요구할 때 주변 사람의 저항을 부드럽게 할 수 있다.

일을 맡길 때 고려할 일

① 완벽주의에 빠지지 말라. 자기와 같은 정도로 부하가 일을 못하더라도 합격점을 줄 만한 정도면 일을 맡긴다. 자기 힘으로 배우고 성장할 기회가 주어지지 않는 한 부하는 자기 능력을 개선할 수 없다. 이런 일의 위임방법은 시간을 효과적으로 활용하는 것이 된다.

② 자기 일에 집착하여 다른 사람으로는 대체할 수 없을 것이라는 관념을 버려라. 자기 일을 언제든지 다른 사람에게 맡길 수 있도록 누군가를 훈련해 두어야 한다. 그렇지 않으면 승진의 기회가 와도 그 찬스를 잡지 못하게 된다. 현재의 직위를 다른 사람으로 대체할 수 없다는 입장이 되면 더 어려운 일을 담당할 수 없게 된다.

③ 자기 부하가 효과적으로 일을 해주지 않으면 자기도 효과적으로 할 수 없게 된다. 부하에게 도전적인 일을 맡기고 부하

가 효과적으로 할 수 있도록 돕는다.

④ 부하로부터 일을 갖고 오지 않도록 한다. 자기 일을 일단 부
하에게 맡긴 이상 부하가 그 일을 자기에게 갖고 오지 못하
게 하여야 한다. 맡겨진 일을 수행함에 있어 문제가 발생할
때에는 몇 개의 해결안, 개선안을 준비하지 않는 한 자기에
게 문제를 갖고 오지 말도록 지시해 둔다. 개선안을 생각하
는 과정에서 부하를 도와주는 것은 좋으나 의사결정을 자기
가 해서는 안 된다.

⑤ 부하가 때로는 실패하더라도 문제 삼지 말라. 아주 우수한
부하라도 때로는 실수할 때가 있다. 일을 성공시킬 수 있도
록 부하에게 자신감을 갖도록 한다. 부하가 자기 일의 일부
를 잘 해내도록 훈련하여 일을 맡기도록 한다.

시간을 절약하여 가르친다

일을 맡긴다는 것은 새로운 일을 가르친다는 것이 된다. 여기에
는 다음과 같이 하면 시간이 절약된다.

① 일을 맡길 부하가 어느 정도 그 일을 알고 있는지를 확인한
다. 그 일에 대해서는 자기는 정통해 있기 때문에 맡길 부하
도 그 일에 대해 잘 알고 있는 것으로 생각하기 쉽다.

② 맡길 일에 대해 부하가 모르는 부분부터 그 내용을 교육시
킨다.

③ 맡길 일의 모든 측면에서 이유를 설명한다. 맡겨질 일의 각
측면에서 그 목적을 알고 있으면, 맡겨진 자는 예기치 못한

제9장 리더십의 시간관리 |

사태가 발생해도 적절한 조치를 할 수 있게 된다.

④ 일의 결과가 어떻게 될 것인지를 가능하면 예를 들어 설명한다. 이렇게 하면 일을 맡은 자는 일의 목표를 머릿속에 명확하게 그릴 수 있게 된다.

⑤ 일을 위임받은 부하에게 그 일은 무엇인가, 책임·권한의 범위는 무엇인가, 진행 보고를 하는 시점, 일의 완료 목표일은 언제인지를 이해했는지 확인한다.

⑥ 위임받은 자에게 일을 담당시키고 지나친 감독을 하지 말라. 그럴 시간에 경영간부로서 더 중요한 일을 하기 위하여 시간을 효과적으로 활용하라.

카운셀링

"성공처럼 성공을 가져오는 것은 없다"라고 말한 사람이 있는데 이것은 부하에게 일에 대하여 카운셀링(지도·상담)을 행할 때 시간을 잘 활용하는 경영간부가 명심해야 할 말이다. 부하를 평가할 때 그 역점은 거의가 부하의 결점에 집중되며 장점을 평가하는 일은 거의 없다. 부하의 약점을 강조하는 것은 부하의 약점을 확인하는 것이며, 부하의 자존심을 상하게 하고 일을 잘 하려는 마음가짐을 어렵게 한다. 부하가 성취한 성공을 강조한다는 것은 부하의 자존심을 높이고 더욱 성공하려는 마음가짐을 격려하는 것이 된다.

모든 것이 잘 되고 있을 때에도 불필요하다든가 시간이 걸린다는 이유 등으로 일에 관한 카운셀링을 생략해서는 안 된다. 부하에 대한 정기적인 연 1회 일에 대한 카운셀링은 부하의 능력을 향상시키는 데 큰 도움이 된다. 여기서 부하의 일솜씨가 좋으면 자기의 일솜씨도 좋아진다는 것을 기억하라. 부하의 일에 대한 카운셀링을 특정 시기에 하게끔 정해져 있지 않을 경우에는 1년 단위로 하라. 특히 부하의 수가 아주 많을 때는 이것이 바람직하다. 1년에 최저 1회는 부하 전원이 일에 대한 카운셀링을 받도록 한다. 카운셀링에서는 다음과 같은 사항을 참고하기 바란다.

① 승진 자격이 있는 부하를 찾아내라.
② 횡적인 배치전환에 적합한 부하를 찾아내라.
③ 부하에 대한 성적을 알려라. 이때 부하의 장점을 강조한다.
④ 부하의 개선을 요하는 점을 지적하라. 이때에도 부하가 갖고 있는 장점을 주안점으로 하며 지적한다.
⑤ 지금까지 갖고 있는 강한 점을 강화하고, 더욱 새로운 장점을 조성하는 견지에서 행동계획을 결정하도록 부하를 돕는다.
⑥ 보장받고자 하는 욕구, 인정받고자 하는 욕구, 존경받고자 하는 욕구, 성취하고 싶어하는 욕구 등등의 점에서 부하의 욕구가 만족되도록 도와준다.
⑦ 회사가 육성할 가치가 있는 인간으로시 종업원을 보고, 종업원에 관심을 갖고, 더욱이 신뢰감을 갖고 있음을 표시하고 종업원의 의욕을 향상시킨다.

시간을 잘 활용하여 일의 카운셀링을 할 때에는 다음과 같은 점에 주의할 필요가 있다.

① 상사도 부하도 마음의 긴장을 푼 분위기 속에서 대화가 이루어지도록 한가로운 시간에 스케줄을 짠다.

② 부하가 자기 의견을 말을 할 수 있게 한다. 부하의 말을 잘 들어주어 부하가 하고 싶어하는 이야기에 진지한 흥미를 갖고 있음을 표시한다.

③ 부하에게 설교를 하는 태도를 피하라. 질문이나 제안을 잘해서 부하가 자기의 장래 계획을 털어놓도록 한다.

④ 사전에 면접 준비를 하여 면접 중에 대화의 포인트에서 이탈되더라도 잘 컨트롤할 수 있도록 한다. 면접 중에 확인해야할 사항을 노트했을 때에는 대화를 그 사항에 접근시킬 수 있다.

⑤ 면접은 미리 시간을 설정해두어야 하며 상사도 부하도 어느 정도의 시간이 걸리는지 알고 있도록 한다.

⑥ 면접하기에 앞서 부하에게 자기 평가서를 주고 이것을 사용하는 경우도 있다. 부하는 평가서에 기입하고 면접할 때 제출하도록 한다. 한편 상사도 부하도 일에 대해 평가하고 이것을 기입한다. 면접에 앞서 평가서를 확인하고 평가에 대해 쌍방의 차이가 큰 것만을 골라 이야기하도록 한다.

⑦ 상사도 부하도 업무를 어떻게 잘했는지를 매일 기록하라. 즉 업무가 아주 잘된 점 또는 기대 이상의 공헌을 하였을 때 그

것을 기록한다. 이 같은 기록은 평가서에 기입할 때 크게 유용하며, 또한 면접 중에 서로 대화하는 기본적인 역할을 하게 된다.

부하를 위한 시간관리

부하의 시간관념을 높이도록 주도하면 자기의 시간도 부하의 시간도 절약된다. 이렇게 하기 위해서는 다음과 같은 사항을 고려하라.

완벽함을 필요로 하는 일

그 일이 어느 정도의 완벽함을 요구하는 것인지 확인한다. 결재해 달라고 해서 서류를 검토해 보니 타이핑 미스가 있었다고 하자. 이때는 그 잘못된 것을 볼펜으로 정정하면 된다. 볼펜으로 정정하면 시간의 절약도 된다. 물론 영업용 서신이나 사장에게 보내는 서신이라면 완벽해야 된다.

일에 필요한 시간을 기록한다

부하에게 일을 맡길 때 [도표 9-2]와 같은 시간기록표에 일의 담당자 이름, 임을 배정한 날짜, 완성 목표일을 기입한다. 일을 완성했을 때에는 완성 일시, 소요 시간(실제로 소요된 시간)을 기입하고, 코멘트 난에는 예기치 않았던 문제 등 일 처리와 관계있는 상황을 기입한다.

이 방법의 장점 : ⓐ어떤 일에 대한 소요시간을 기록하는 것으로, 장래 같은 종류의 일의 예정을 짤 때 참고가 된다. ⓑ부하의 일 속도에 비교표를 작성할 수 있게 된다. A는 B보다 어떤 일을 빨리 완성할 수 있다든가, B는 다른 일을 A보다 빨리 처리할 수 있다 등 등이다.

[도표 9-2] 시간기록표

시간기록표

업무	담당자	날짜	완성예정일	실제완성일	경과시간	코멘트

포지션(직책)조사

[도표 9-3]과 같은 포지션(직책) 조사표를 사용하여 자기의 직책에 대해 조사해 본다. 자기의 부하에 대해서도 같은 조사를 하게 하여 부하는 그 카피를 보관하고, 원본은 자기가 보관한다. 매년 이

조사표를 다시 검토하여 최신의 것으로 해둔다. 포지션 조사를 할 때는 다음 사항에 유의하여야 한다.

① 가장 위에 있는 '포지션' 난에 포지션의 명칭과 포지션에 있는 사람의 성명을 기입한다. 또 그 포지션을 담당한 날짜도 기입한다.

② '업무' 난에는 업무의 번호를 기입한다. 업무의 내용이 많아 분할할 수 있을 때에는 1, 2, 2-1, 2-2, 3, 4, 4-1 등으로 분할한 번호를 붙인다. '업무내용' 난에는 그 포지션에 있는 사람이 반복해서 하는 일의 내용을 기입한다.

[도표 9-3] 포지션 조사표

포지션 조사표

포지션 _____

담당자명 _____ 임명일 _____

업무	업무내용	최적격자	준최적격자	적격자

③ '최적격자' 난에는 훈련을 받지 않아도 그 업무를 담당할 능력이 있는 부하의 성명을 기입한다.

④ '준최적격자' 난에는, 약간의 훈련을 받으면 그 업무를 담당할 수 있는 부하의 성명을 기입한다.

⑤ '적격자' 난에는 일정한 훈련을 받으면 그 업무를 담당할 수 있는 부하의 성명을 기입한다. 훈련을 받아도 적격하지 못할 부하의 성명은 기입할 필요가 없다.

특수한 자격요건 같은 것이 해당 업무의 조건이 될 수 있는 경우도 있다. 또 정부의 규제, 또는 조합이나 협회의 관계로 어떤 업무에는 '부적격'이란 경우도 있을 것이다.

이 방법의 장점 : ⓐ어떤 업무나 또는 업무의 일부를 맡길 수 있는 적격자의 기록이 되는 것이다. ⓑ부하의 훈련기록으로 이용할 수 있다. 이 표에 의거하여 부하의 재훈련을 기할 수 있게 된다. ⓒ 부하가 제출한 포지션 조사표에서 부하의 훈련 진행상황을 알 수 있고, 일을 맡길 수 있는 시기가 언제인가를 예측할 수 있다.

스태프 조사

포지션 조사 외에 [도표 9-4]에서 보는 바와 같이 스태프(직원) 조사표를 준비하여 자기의 전 부하직원별로 성명, 포지션(직책), 자격이 있는 포지션 등을 기입한다.

스태프 조사표 하단에 각 포지션을 간추린 부호를 표시하여 윗

부분을 기입하는 데 활용한다. [도표 9-4]에서 부하의 포지션을 보면 현재 포지션 A에 있는 사람이 C의 포지션을 담당할 완전한 자격이 있으며, B의 포지션을 담당하기에는 일정한 훈련이 필요하며, 포지션 D에는 부적격임을 알 수 있다.

이 방법의 장점 : ⓐ부하 전원에 대한 상황을 알 수 있다. 갑자기 포지션에 공석이 생겼을 때 지체없이 그 포지션에 최적격자를 배치할 수 있다. ⓑ훈련이 필요한 분야를 알 수 있다. 스태프 조사표에서 나타난 것을 보면, D가 갑자기 몇 주간 결근을 했을 때, D의 포지션을 충분하게 담당할 수 있는 사람이 없음을 알 수 있다. 자기 포지션을 포함하여 각 포지션을 담당할 수 있는 사람이 있도록 준비하는 것이 시간관리를 잘하는 방법이다.

종업원 경력(經歷)조사

직업의식이 강한 종업원이 다른 곳에 더 좋은 기회가 있다고 믿고 다른 회사에 전직하게 된다면 회사의 잠재능력은 점차 상실되고 만다. 자기 부하가 이와 같은 이유 때문에 타사로 전직해 갔을 때 두 가지 문제가 야기된다. 첫째는, 부하가 자기의 잠재능력을 가지고 타사에 가 버렸다는 것. 다음은 새사람을 교육하는 데는 상당한 시간이 필요하다는 것이다. [도표 9-4]에서 보는 바와 같이 스태프 조사표를 사용하고 있으면 적절하게 공석을 메울 수는 있으나, 같은 수(數)의 부하를 배치하기 위해서는 결국 누군가를 훈련해야 한다.

[도표 9-4] 스태프 조사표

스태프 조사

이름	현재 포지션	적격도	소규모	주요훈련	부적격자
	A	C		B	D
	B	C	A	D	
	C	A		B	D
	D	B	C	A	

포지션명	부 호
전문보좌역	A
총 무	B
접 수	C
경 리	D

[도표 9-5] 와 같은 '종업원 경력 조사표'를 사용하면 부하가 타사에 갈 기회를 얻어 전직하려는 것을 방지하는 데 도움이 된다. 이것은 부하가 자기의 경력에 대해 상사가 관심을 갖고 있으며, 자기의 직업에 희망과 꿈을 갖게 하는 상사라고 신뢰하게 될 것이며, 상사는 부하가 갖고 있는 관심사가 무엇이며, 그의 능력이 무엇인가를 발견할 수 있게 된다. 시간관리라는 면에서 본다면 이 같은 정보는 부하의 인사배치라는 문제해결에 걸리는 시간낭비가 해결된다. 종업원의 경력 조사표는 다음과 같이 기입한다.

① 성명, 직위, 포지션(직책)을 기입한다.
② 경력에 대해 관심이 강한 중간 관리자는 일반적으로 평균 5년마다 전직하는 빈도가 많으므로 동일 포지션의 '재임기간' 난이 중요하다.
③ '잠재능력' 난에는 부하가 장래 성공할 것으로 생각되는 능력에 관한 상사의 평가를 기입한다.
④ 종업원의 '희망진로' 난. 부하 중에는 동일 부서에 머물러 있으면서 그 부서 내에서 차근차근 승진하기를 원하는 사람도 있다. 한편 같은 회사 내에서 횡적인 배치전환을 희망하는 종업원도 있을 수 있으며, 다른 부서로 가는 것이 빨리 승진될 것으로 생각하는 사람도 있다. 예를 들면 판매부서에 있는 사람이 홍보부서 쪽이 더 좋다고 생각하는 경우다. 이 같은 정보는 시간을 유효하게 활용하기 위한 정보가 된다.

[도표 9-5] 종업원 경력 조사표

종업원 경력 조사표

성명 _____ 직위 _____

현재의 포지션 _____ 임명일 _____

재임기간 _____

현재 포지션에서 성적 _____

잠재능력 _____

희망진로 _____

본인이 준비하고 있는 진로 방향 _____

코멘트(의견) _____

후계자 No. 1 (준비완료) _____ 성명

_____ 직위

후계자 No. 2 (준비완료) _____ 성명

_____ 직위

⑤ '본인이 준비하고 있는 진로 방향' 난에는 그 부하가 담당할 수 있는 그리고 준비가 되어 있다고 생각되는 포지션으로 과거의 성적과 이 조사표 작성을 위해 면접 대화한 것을 기초로 하여 기입한다.

⑥ '코멘트(의견)' 난에는 부하와의 대화에서 얻은 인상, 또는 이 조사표에 없는 점을 기억해 둘 필요가 있다고 생각되는 중요한 정보를 기입한다.

⑦ '후계자' 난에는 부하가 배치전환 또는 승진을 해서 후임이 필요할 때에 대비하기 위해서 2명의 후보자명을 기입한다. 사람에 따라서는 자기야말로 어떤 포지션에 절대 불가결의 인물이라고 생각하여 누군가가 후계자 후보가 되는 것을 좋아하지 않는 사람도 있다. 이런 때에는 승진 준비를 하도록 하든가, 또는 절대 불가결의 사람이란 생각은 적절하지 못하다는 것을 지적해 준다. 시간관념이 강하며, 또 자기의 직업의식이 강한 종업원은 다른 사람에게 자기가 담당하고 있는 업무를 기꺼이 교육시킨다. 이렇게 하지 않으면 기회가 생겼을 때에도 자유롭게 움직일 수 없게 된다. 회사 입장에서 보면 어떤 직책이 주어졌을 때 언제든지 누군가가 그 직책을 맡을 수 있도록 훈련되어 있는 상황을 바란다. 그래야 시간절약이 되기 때문이다.

동일 업무의 공동 분담제

이 경우 한 가지의 업무를 2인이 자발적으로 공동으로 분담하게 된다. 즉 한 사람이 풀타임(전담)으로 담당하고 있는 일을 2인이 각각 파트타임(시차 근무제)으로 책임을 나누어 담당하는 것이다.

시차 근무제

이 시스템에서는 풀타임의 종업원이 각기 다른 근무시간에 일하게 된다. 다시 말하면 종업원 A는 아침 7시부터 하오 3시 10분까지, B는 아침 8시 30분부터 하오 5시까지 근무한다는 식이다.

공동 분담제와 시차 근무제의 장점 : ⓐ작업 스케줄(계획)을 작성하는 데 여유를 줄 수 있게 되며, 가장 혼잡하고 최대의 작업이 필요한 시간을 효과적으로 처리할 수 있게 된다. 예를 들면 일이 가장 바쁠 때가 오전의 이른 시간과 오후의 늦은 시간이며, 또한 낮에 한가한 시간이 있을 경우 공동 분담제 또는 시차 근무제를 이용하면 오전과 오후의 피크 시간을 잘 처리할 수 있게 된다. ⓑ근무시간 내에 비근무시간을 설정하면 종업원은 그 시간을 이용하여 개인적인 용무를 처리할 수 있게 되어 개인적인 용무처리를 위해 발생하는 결근을 줄일 수 있다. ⓒ공동 분담제는 짧은 근무시간을 선호하는 경험자를 붙잡아두는 좋은 방법이다. 경험을 활용할 수 있으며, 공동 분담자의 좋은 교육 담당자가 되기도 한다. 2인이 중복해서 한 가지 일을 할 때 특히 이런 효과가 있다.

비행(飛行) 계획표

제8장, [도표 8-4 A]에서 설명한 비행 계획표와 같은 것을 충분히 활용하여 일의 진행을 파악한다.

장점 : 시간이 걸리는 설명을 할 필요가 없으며, 모든 사람에게 일의 진행상황을 알릴 수 있다.

경향도표의 작성

항공 우주국에서는 스케줄의 경향(傾向)도표를 작성하여 어떤 프로젝트나 그 프로젝트의 일정 부분의 예정 완성일을 예측하며, 또한 프로젝트의 달성 상황을 도표화하도록 하고 있다. [도표 9-6]과 같은 것을 활용하는 것도 가능하다.

프로젝트를 도표화하기 위해서는 프로젝트의 구성부분을 하나하나 다른 색을 사용하여 표를 하고 각 부분에 색별 경향선을 그어 간다.

① 그래프용지를 사용하여 프로젝트의 길이에 따라 필요한 수(數)만큼 칸을 구분한다.

② 종·횡에 있는 숫자는 정기적으로 진행상황을 체크하는 횟수에 따라, 일·주·월을 표시하게 된다. [도표 9-6]의 경우에는 주(週)마다 체크하게 되어 있어 숫자는 주를 표시한다.

③ 좌하다에서 우상단에 대각선을 긋는다.

④ 대각선상에 프로젝트의 예정 완성점의 표를 한다. [도표 9-6]에서는 완료일은 제2주와 제3주의 중간에 있으며, 개시 후 2주 반이란 기간이 된다.

⑤ 프로젝트의 완성을 제3주의 중간으로 예정하고 있으므로, 경향선을 종축의 제3주의 중간(2와 3의 중간)에서 긋기 시작한다. 경향선은 완성점을 목표로 하고 있어, 전체적으로 수평방향으로 움직이고 있다.

[도표 9-6] 경향도표

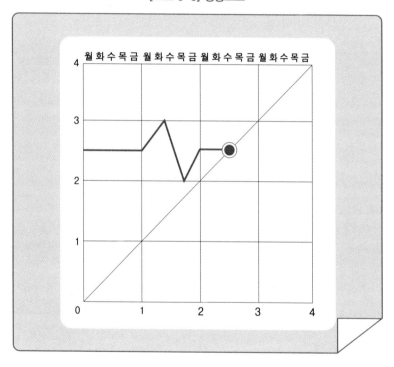

⑥ 사전에 설정한 매일의 목표에서 프로젝트가 1주일간의 목표에 과연 예정대로 진행되고 있는가를 판정하게 된다. 예를 들면, 제2주의 최초의 2일간은 예정보다 늦었으나, 다음 2일

사이에 낙후된 것을 회복하여 예정보다 앞섰는데, 금요일에
는 다시 늦어졌지만, 다시 스케줄대로 회복하여 제3주에는
스케줄과 같이 되어, 수요일에는 예정대로 완성점에 도달하
고 있다.

⑦ 경향선이 대각선에 걸리면 프로젝트는 완료가 되는 것이다.
프로젝트가 예정일보다 앞당겨 완료되면 경향선은 대각선상
의 완료점보다 아래쪽에서 대각선과 접하게 된다. 예정일보
다 늦어지면 완료점보다 위쪽에서 접하게 된다.

장점 : ⓐ프로젝트가 예정대로 진행되고 있는가, 늦어지고
있는가, 선행하고 있는가를 언제나 알 수 있다. ⓑ경향을 알
수 있으므로 장래 예측을 보다 정확하게 할 수 있게 된다. ⓒ
부하가 완료점을 향하여 노력을 집중하게 된다.

주의할 점 : 프로젝트를 너무 세분하지 않는다. 차트가 혼란
하게 되기 때문에 몇 개의 차트로 하는 것이 좋다.

온도계(溫度計) 도표

시민운동에서, 예를 들면 모금운동을 할 때, 모금액을 표시하는
그래프가 온도계의 수은주와 같이 상승해가는 것을 1주일마다 쳐다
보는 것은 누구에게나 즐거운 일이다. 수은주가 목표에 가까워짐에
따라 흥분도도 높아지고, 수은주가 목표에 빨리 도달하도록 더욱
노력하게 된다. 목표일까지 프로젝트를 달성하도록 이 방법을 사용
할 수도 있다.

타임 · 라인 방식

타임 · 라인도 진행상황을 차트화하는 방법의 하나이다. 타임 · 라인은 프로젝트가 예정대로 진행되고 있는지의 여부를 표시할 뿐만 아니라, 전체적인 진행 속에서 구체적으로 어느 단계에서 지체가 발생하고 있는가를 표시해주기도 한다.

[도표 9-7 A]에서 실선(實線)은 최초부터 완성 시점까지의 예정한 진행을 표시하는 것이며, 점선(點線)은 실제의 진행을 표시한 것이다. 점선과 실선은 프로젝트가 예정대로 진행될 때에는 중첩되고 있으나, 예정보다 지체되었을 때에는 실선의 아래쪽으로 가고, 예정보다 선행될 때에는 위쪽으로 달리게 된다.

이 예에서는 체크(점검)하는 시점을 2주일간으로 정하고 있다(세로선). 프로젝트의 성질에 따라 이것을 매일, 매월로 할 수 있다. 체크 시점의 수에 따라 매일 또는 매주 1회, 진행선(점선)을 그려 넣는다. 체크 시점에 표시된 날이 각 스텝(단계)을 완료하는 날이 된다. 이 예에서 보면, 스텝 1은 1월 1일부터 1월 15일 사이에 완료하면 되는 것이나, 스케줄대로 가기 위해서도 1월 15일까지 완료하지 않으면 안 된다.

예를 들어 프로젝트가 스텝 2까지는 잘 진행되었으나 스텝 2를 지나서부터 지체되었다. 그러나 프로젝트는 스텝 3에 건너뛰어 그대로 진행되었다고 하자. 이때 점선은 진행이 정지된 곳에서 끊어지고 진행이 시작된 곳에서 개시된다. 즉 개시된 곳에서 점선은 다시 시작된다. 1월 20일의 타임 · 라인은 [도표 9-7 B]에 표시된 대로이다. 1월 20일에는 스텝 3은 이미 완료되었고, 스텝은 정지한 상

태로 되었다. 스텝 3에 이르는 점선은 실선을 웃돌고 있어 예정을
상회하고 있음을 나타낸다.

1월 25일에 스텝 2에 이르는 문제가 해결되어 진행이 시작되었다.
프로젝트는 2월 25일에 완료되었다. 이 차트는 [도표 9-7 C]와 같다.

[도표 9-7 A] 타임 · 라인

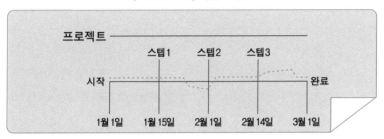

[도표 9-7 B] 타임 · 라인

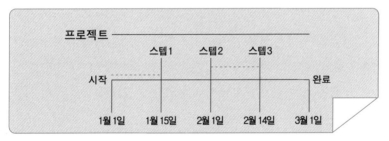

[도표 9-7 C] 타임 · 라인

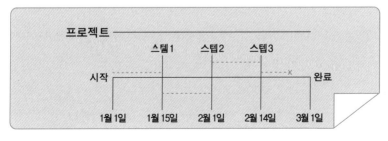

제9장 리더십의 시간관리 |

시간절약이란 관점에서 부하에 관해 주의할 점

① 종업원 수가 지나치게 많으면 시간이 낭비된다. 드러커는 다음과 같이 말하고 있다.

"일하는 사람의 수가 실제로 지나치게 적다고 생각되는 때가 있다. 그래서 일을 전혀 못할 지경은 아니지만 잘 안될 때가 있다. 그러나 이것은 일반적인 현상은 아니다. 오히려 일반적인 현상은 일하는 인원수가 과다하여 효과를 발휘할 수 없는 경우이다. 일하는 사람이 일을 한다기보다는 오히려 서로서로에게 미루다가 쓸데없는 시간을 허비하게 된다. 작은 조직에서는 타인과 부딪치는 일 없이 자유롭게 이동할 수가 있어 언제나 타인에게 일의 내용을 설명하지 않고도 자기 일을 해 나갈 수 있다."

② '파킨슨의 법칙'에 따르면, 일 처리는 사용할 수 있는 시간이 있으면 있는 만큼 늘어난다고 했다. 프로젝트의 완성에는 타당한 시간의 제한을 설명해야 한다. 데드라인(최종기한)을 설정해 놓지 않으면 프로젝트는 완료에 필요한 그 이상의 시간을 사용하게 되기 때문이다.

③ 기존의 커뮤니케이션 경로를 흐르는 정보가 정체되거나 스피드가 떨어지면 시간의 낭비가 발생한다. 제대로 작동하는 커뮤니케이션의 경로를 설정해 놓는 것이 현명하다. 그러나 한 종업원이 공식적인 커뮤니케이션의 경로를 통해 자기에게 전달되는 정보를 기다리게 된다면 그곳에서 시간의 낭비가 발생하게 된다. 이럴 때는 사본을 공식 커뮤니케이션 경

로를 통해 흐르게 하고, 이 종업원에게는 직접 발생원에서 정보를 보내는 것이 필요하다.

④ 종업원은 자기들에 대한 요구 비중에 따라 행동을 조정한다. 시간관념이 강한 경영간부는 일에 대한 성과에 주력한다. 경영간부가 조직의 목표달성에 최대한의 공헌을 하려고 결심하고 있으면 부하에게도 영향을 주어 함께 공헌하려는 경향을 낳게 한다. 위에서부터 일반 사무직원에 이르기까지 자기에게 주어진 일을 조직의 목표달성 과정에서 최대의 공헌을 하는 방법으로 행하려 한다면 목표는 기록적인 스피드로 달성될 것이다.

⑤ 조직 속에 있는 모든 직무는 종업원에게 도전의식을 갖게 해야 한다. 여기서 도전의식이란 해볼 의욕을 돋우어 주는 것을 의미한다. 일에 도전의식이 있으면 종업원은 창조적이 되며 또한 시간관념을 갖게 된다. 도전에 대항할 수 있는 능력이 있다고 생각하는 종업원은 그것에 맞서려고 한다.

⑥ 리더는 시간을 잘 활용하여 좋은 업적을 올린다고 부하들이 신뢰하도록 행동해야 된다. 리더는 성실하고 공헌적인 태도를 갖고, 개방적이고 창조성을 가져야 부하로부터 신임을 얻게 된다.

10

시간을 낭비하는 숨은 함정

시간의 함정을 피하는 방법

건강 유지

건강한 육체는 경영간부에 있어 시간을 효과적으로 활용하기 위한 최대의 무기라고 생각한다.

시간을 현명하게 활용하고 있는 경영간부는 매일 얼마간의 시간을 몸 관리에 사용하고 있다. 경영간부는 경영간부로서의 생활 패턴이 영양부족, 소화불량, 만성병, 육체적 장애, 신경 장애, 심장병, 위궤양, 고혈압 등의 원인 되고 있음을 알고 있다. 건강상 주의해야 할 점을 다음에 열거한다.

① 커피를 마시는 시간을 내서라도 휴식을 취하도록 하라. 가능하면 사무실 밖에 나가 건물 주위를 한 바퀴 돌라. 자기 사무실에서 운동해도 좋다. 근육을 펴기도 하고 느슨하게도 하고, 목과 팔을 구부리기도 하고, 손을 흔들흔들하기도 하고 체조를 한다. 체조를 하면 뇌로 가는 혈행(血行)도 좋아지고 등 근육도 풀린다. 심호흡을 한다. 깊게 숨을 마시고 크게 내쉰다. 머리를 돌려서 목이나 등 근육을 풀어준다.

② 낮 시간의 체조 이외에 정규적인 운동 계획을 갖는다. 자기 자신이 할 수 있으며 제일 즐길 수 있는 것을 한다. 조깅, 수

영, 테니스, 골프도 좋다. 매일 아침 일찍 일어나 자기가 좋아하는 운동을 하며 시간을 보내도록 한다. 집에서 잡일을 하는 것은 확실히 좋은 일이기는 하나 운동계획의 대용은 안 된다. 운동이 즐겁지 않을 때에는 우선 1주일 동안 해 보고 어떤 효과가 있는지 확인해 본다. 지금까지 제대로 된 운동을 하지 않았을 때에는 무리한 운동을 급히 시작하지 말고 의사와 상의해 보는 것이 좋다.

③ 영양의 균형이 맞는 식사를 규칙적으로 한다. 편안한 분위기에서 사이좋은 사람들과 여유 있게 식사를 한다. 감정이 악화된 때에는 식사를 피한다. 건강한 식사에 유의하며 가족에게도 그렇게 유도한다.

④ 적당한 수면시간을 취한다. 사람에 따라서는 수면시간이 짧아도 되는 사람이 있지만, 몸이 편안하고 피로가 풀리는 데에 어느 정도의 수면시간이 자기에게 필요한가를 알아둔다.

긴장감과 스트레스

긴장감과 스트레스의 차이점을 알아두는 것이 좋다. 긴장이란 제1장에서 기술한 바와 같이 문어가 사방팔방으로 다리를 내뻗은 상태에서 느끼는 것과 같은 것이다. 《웹스터 사전》에 의하면 긴장은 인간 또는 그룹 사이에 존재하는 억압된 적의(敵意)의 상태라고 되어 있다. 놀만 비센트 필은 긴장은 미국의 국민병(國民病)이라고 부르고 있다. 경영진의 고위층에 있는 경영간부는 긴장이란 어떤 것인지 실감하고 있을 것이다. 그러나 톱에 있는 사람은 긴장 때문에 하루의 업무시간이 얼마나 박탈당하고 있는지도 모르고 있을 것이다.

사방팔방에서 잡아당기면 대체로 사람들은 모든 방향에 대해서 더욱더 열심히 노력하려고 한다. 그러나 이렇게 되면 능률이 나지 않는다. 너무나 많은 일을 처리하지 않으면 안 되기 때문에 긴장을 느끼고 있을 때에는 조금은 압력을 방출하는 것이 필요하다. 잠시 머리를 식힌 다음 가장 긴장도가 높은 것을 하나 둘 선택하여 해결한다. 적의가 원인이 되어 긴장이 존재하고 있는 경우에는 자기와 타인 사이에, 또는 그룹 사이에 존재하는 루트(뿌리)를 찾아내도록 한다. 적의는 인간의 내부 또는 그룹의 내부에 존재하는 것으로서 표면에 나타나지 않는데, 이것을 찾아내어 커지기 전에 처리하지 않으면 안 된다. 이런 종류의 긴장을 모두 제거해 버릴 수는 없으나 적어도 찾아내야 하며, 그렇게 함으로써 긴장과 맞서는 것보다 좋은 입장에 설 수 있게 된다.

스트레스는 육체 또는 정신에 가해진 억압 또는 압력이다. 긴장 상태가 지속되면 스트레스 상태가 생겨난다. 예를 들면 시간에 쫓기고 있다든가, 일의 진척이 안 되고 있다든가, 지겨운 문제에 대한 해결책이 없다고 생각된다든가와 같은 경우이다. 다음은 스트레스 상태와 싸워 이겨내는 방법이다.

① 자신이 어떻게 할 수 없는 것은 용인하는 것을 배운다.
② 싸우는 것만 빼고 뭔가 행동하고 움직여 육체적으로 분노를 방출하라.

③ 친구, 동료, 배우자 또는 목사 등에게 스트레스의 원인이 되고 있는 것에 대해 이야기하라. 문제에 따라서는 전문가와 상담하는 것도 좋다.

④ 일과 레크리에이션의 밸런스를 취한다.

⑤ 가능한 한 약물사용은 피한다. 약은 증세를 완화시킬 뿐 원인을 치료하는 것은 아니다. 의사의 지시에 따르지 않고 진정제를 사용하면 안 된다.

⑥ 남을 위해서 뭔가 하도록 하라. 자기가 지니고 있는 고민 해소에 도움이 된다.

⑦ 자기가 지니고 있는 불행한 문제보다 자기의 행운에 대해 생각해보도록 한다.

근심과 걱정

걱정은 스트레스를 높이고 시간을 훔쳐간다. 걱정을 해소하는 최선의 방법은 자기가 걱정하고 있는 문제에 대하여 적절한 행동을 취하는 일이다. 걱정이 어떤 특정한 문제라면 제5장에서 소개한 문제해결의 테크닉을 써서 의사결정을 하고 행동을 취하면 된다.

근심과 걱정이 습관적인 경우는 다음의 방법을 이용하면 그 습관을 고칠 수 있다.

① 오늘에 산다. 어제 일어난 일은 누구도 변경할 수가 없다. 오늘을 더 잘 사는 것으로써 내일을 더 좋게 할 수가 있다. 따라서 오늘 일에 최선을 다하여 살고 어제 일은 잊어버린다. 내

일 일은 일어날 수 있는 최선의 것만을 생각한다.

② 실제 대수롭지 않은 사소한 일에 끙끙 앓지 말라. 심리학 연구결과에 의하면 사람의 근심 걱정의 40%는 실제로는 아무 것도 발생하지 않는 것이고, 35%는 변경할 수도 없는 것이며, 15%는 예기한 것보다 좋은 결과가 되는 것이고, 8%는 사소한 별것 아닌 걱정이었으며, 다만 2%만이 정말로 걱정거리에 해당되는 것이라고 한다.

③ 확률의 법칙을 활용하여 자기의 걱정거리가 기우(杞憂)에 불과했음을 알라. 비행기에 타면 추락하지나 않을까 걱정하는 사람이 있으나 확률에 의하면 추락하는 일은 거의 없다.

④ 필연적인 것은 활용하라. 나쁜 상황은 좋도록 생각해서 이것을 활용하는 것이 걱정을 극복하는 가장 좋은 방법이다. 좋지 않은 것의 대명사인 맛없는 레몬을 누군가가 주거든 그것으로 레모네이드(레몬수)를 만들겠다는 긍정적인 태도가 필요하다.

⑤ 걱정하는 버릇이 있으면 무리해서 걱정과 싸울 필요가 없다. 차라리 걱정하는 습관을 잘 관리할 것을 생각하라. 예를 들면 하루 중에서 20분간만 걱정하는 시간을 할당한다. 이 예정된 시간 외의 다른 시간에 걱정을 시작하면, 걱정하는 시간이 따로 정해졌음을 자기 자신에게 깨닫게 한다. 이렇게 하면 곧 자기의 걱정하는 버릇을 컨트롤할 수 있게 된다. 머지않아 걱정하는 일도 적게 되며 걱정하기 위해 예정된 시간도 점점 단축된다.

⑥ 걱정하는 습관을 없애고 2%의 정말 걱정해야 할 것을 위해 기도하라. 꿈을 그리기만 하는 것보다 기도를 하는 편이 더 많은 것을 이루게 할 수 있다.

사소한 의사결정

사소한 의사결정은 많은 사람들이 망설이다가 시간을 낭비하는 함정 같은 것이다. 경영상의 의사결정 같은 커다란 문제는 제5장에서 그 테크닉을 해설한 바 있다. 그러나 누구나가 매일 직면하는 사소한 의사결정을 할 때는 어떠한가. 사소한 의사결정은 대부분 한 번에 끝내버릴 수가 있다.

① 어떤 옷을 입을까 하는 결정. 1주일 동안 입을 것을 한 번에 결정해둔다. 일곱 번 해야 할 결정사항을 한 번에 끝내자는 것이다.
② 무엇을 먹을 것인가? 1주일분의 메뉴를 계획한다. 매일 몇 회나 결정하는 대신 한번 결정으로 끝내자.
③ 무엇을 믿을 것인가? 교회에 갈 것인가, 안 갈 것인가? 또 어느 교회에 갈 것인가? 이것을 결정하기 위해 가족이 몇 주 동안 모여서 의논해야만 할 때, 이것은 신앙에 관한 기본적인 것이 결정되지 않았기 때문이다. 따라서 신앙을 먼저 결정하면 되는 것이다.

컨디션이 나쁠 때

어딘가 모르게 몸의 컨디션이 좋지 않고, 마음이 불안하며, 기운이 없는 상태는 많은 사람들이 때때로 빠지는 감정적인 시간의 함정이다. 우울한 기분일 때에는 자기 자신이 비참하게 보이기도 하고, 이것저것 잡다한 것을 생각하면서 시간을 보내게 된다. 우울하고 컨디션이 좋지 않은 상태에 빠지는 이유는 여러가지가 있다.

① 육체적인 이유인 경우. 너무 자주 좋지 않은 컨디션 상태가 계속되어 시간을 헛되게 보내는 경우에는 건강진단을 받아 본다.

② 자기 자신에 대해 조사해 본다. 좋지 않은 몸 컨디션 상태가 주기적으로 일어날 때에는 보통 때와 다른 행동으로 일상을 바꿔본다. 통근 때에도 전과 다른 방식을 택해본다.

③ 뭔가 큰 프로젝트를 완성했거나 커다란 목표를 달성했다든가, 또는 큰 성공을 한 뒤에 기운이 빠진 것 같은 허탈감을 느낄 때가 있다. 이와 같은 때에는 성취한 것에 주의력을 집중한 다음 곧 새로운 목표를 설정하고 이에 힘을 집중케 하라.

④ 휴식을 취하지 못해 컨디션이 나빠질 때가 있다. 일하는 게 즐겁고 재미있기만 한 경우라도 때로는 휴가를 가져야 할 필요가 있다. 휴가로 몸에 충전이 되면 적은 시간에 많은 것을 달성할 수 있는 능률이 생긴다.

⑤ 흥분이나 초조감을 느낄 때가 있다. 잠시 아무 생각도 하지 말고 기분을 가라앉히면 자연히 진정된다.

가정 · 가족 · 친구

지위가 올라가면 올라갈수록 가정 · 가족 · 친구를 위한 시간은 줄어들게 된다. 그러나 자기 인생을 위해 가정 · 가족 · 친구를 위해 자기의 시간을 최대한 활용하는 것은 중요한 일이다.

많은 경영간부는 자기는 가족을 위해 일하고 있다고 생각하며, 가족을 위해 사용할 시간이 적어진 것을 정당화하려고 한다. 어떤 의미에서 이것은 사실이지만 가정이나 가족과 떨어져 있는 시간이 너무 많으면 가족 사이에 불화를 일으킬 수도 있게 된다. 같은 주소에 살고 있으나 전혀 타인과 같은 생활을 하고 있는 경영간부가 상당히 많은 것은 불행한 일이다. 이와 같은 상태를 극복하는 방법은 비즈니스 속에 배우자나 자식들을 관련시키는 일이다. 예를 들어 가정에서 비즈니스 이야기를 하여 자신이 비즈니스에 전심전력하고 있음을 알려준다. 그러면 가족도 그것을 이해하여 남편이나 아버지 일에 관심을 갖게 된다. 무슨 이야기를 하는지 알 수 없다 해도 일에 관한 이야기에 흥미를 갖고 듣게 되면 남편이나 아버지 일에 존경의 마음을 갖게 되며 한편이 되어 준다. 물론 가정에 있는 동안 계속 비즈니스 이야기만 해서는 안 되며, 아내도 아이들도 각기 자기 자신의 생활을 하고 있으므로 자기들의 매일매일의 사건 속에 남편이나 아버지도 가담해주기를 바라고 있다. 서로의 이야기를 듣고 흥미를 표시하는 것은 매우 중요한 일이다.

아이들이 여럿 있으면 아이들 속에 들어가 아이들이 활동한 일들을 함께 이야기한다. 아이들의 생일, 의료기록, 학업성적, 기타 특별정보(예를 들면, 보이스카우트나 걸 스카우트에 관한 것) 같은 것을 기억해둔다. 아이들과 관계가 있는 사람의 이름을 기억하기가 힘든 경우는 기록해둔다. 몇 년 지난 뒤에 아이들의 걸스카우트 리더의 이름을 기억할 수 없게 되는 경우도 있다. 아이들이 받은 상(賞)에 대해서도 마찬가지다. 이런 것을 기록한 파일을 한 아이에 하나씩 만들어 두면 좋다. 이렇게 되면 아이들은 자기가 부모에게 중요하다는 것을 구체적으로 느끼게 된다.

배우자의 활동에도 관심을 표시한다. 배우자가 맞벌이인 경우에는 그 하는 일에 적극적인 관심을 표시하는 것이 좋다. 직장에서 같이 일하는 사람들의 이름이 나오면 곧 기억해 낼 수 있어야 대화가 통하게 된다.

큰 금액의 사용에 대한 결정을 할 때는 배우자와 같이 한다. 지급방법, 사용처에 대해서 충분히 이야기한다.

아이들의 양육책임은 두 사람이 함께 진다. 교육책임도 한쪽 부모만 부담해서는 안 된다. 아이들의 행동규범에 대해서는 부부의 의견 일치가 필요하다. 이와 같은 의사결정은 대부분 방치되는 수가 있으며, 어떤 위기에 직면하지 않는 한 그대로 내버려두는 것이 보통인데 이것은 옳지 않다.

아이를 데리고 혼자 사는 경우 아이의 양육을 지나치게 외부에 맡겨서는 안 된다. 보육원, 학교, 주일학교 등과는 항상 연락해야 하며, 맡겨 버리고 방치해서는 안 된다.

어떤 가정에서도 가족의 친구가 필요하다. 손님을 초대하는 것은 가족과 같이 의논해서 계획을 세우도록 한다. 손님으로서 초청할 친구들의 그룹이 여럿 있을 때에는 주말을 전부 할당하는 편이 효율적으로 시간을 활용하는 것이다. 즉 금요일 저녁에는 A그룹을, 토요일에는 B그룹을, 일요일에는 친척을 초대하는 식으로 한다. 사전 청소도 한 번만 하면 되고 음식준비도 묶어서 할 수 있기 때문에 음식, 돈, 시간 모두를 절약할 수 있다.

1일 1회, 3개월 1회 시간관리

동기부여를 사전에서 찾아보면, '자극을 주어 생활체로 하여금 행동을 하게 만드는 일'이라고 정의하고 있다. 즉 밀고 나가고 싶은 충동을 말한다. 시간을 효율적으로 활용하도록 하는 동기부여라면 1일 1회, 3개월 1회라는 원칙을 활용해보라.

앞 여러 장(章)에서 소개한 시간활용 방법, 그리고 이 장에서 소개하는 방법을 활용하여 경영간부용 시간관리의 3개월 코스를 작성해보기 바란다. 이와 같은 방법을 사용하여 관리하게 되면 시간을 효율적으로 활용하는 습관이 몸에 배게 된다. 다음은 시간관리의 3개월 코스를 작성하는 방법이다.

① 두툼한 바인더를 준비한다.
② 이 바인더에는 주요목록 1건마다 [도표 10-1]과 같은 목표작성 시트를 우선 준비하여 끼워둔다. 이 시트의 사용방법은 설명할 필요가 없을 것이다. 이것을 사용하여 3개월 코스의 계획을 작성한다. 이런 계획표를 사용하지 않을 때에는 중간

형의 카드 또는 제1장에서 기술한 것 같은 벽걸이에 자기 목표를 써 둔다.

[도표 10-1] 목표 작성시트

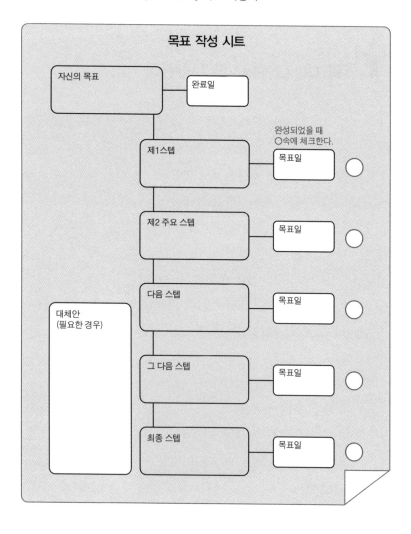

③ [도표 10-2]는 1년간의 계획표를 보여주고 있다. 1년 계획은 1월부터 시작해야 한다는 것은 아니다. 언제 시작해도 상관없다. 보고자란 프로젝트에 관해 보고하는 사람을 말한다. 이 계획표와 [도표 3-3]의 권한위임 계획작성표와 혼동하지 않도록 한다. 권한위임 계획작성표는 부하에게 위임한 프로젝트의 진행 상황을 기록해두기 위한 것이고, [도표 10-2]의 계획표는 '위임할 수 없는 프로젝트 또는 업무'를 계획하기 위한 것이다. '프로젝트' 난에는 업무의 내용을 기입하고, 그 일 때문에 자기 시간을 준비해야 할 월(月) 난에 체크를 해둔다. 이렇게 함으로써 여러 개의 프로젝트가 있어 바쁜 달[月]과 프로젝트가 적어서 비교적 한가한 달이 생기는 것을 알 수 있게 된다.

④ [도표 10-3]에 다음 3개월에 걸쳐 각 월(月)의 예정표를 적어 둔다. 이렇게 하면 약속, 프로젝트(계획), 도착일(물건 등의), 기타가 판명된다.

⑤ 다음은 주간계획표를 [도표 10-4]에 표시한다. 이것을 매주 1매씩 3개월분을 준비한다. 이 표에는 1주 동안 매일 하는 일을 기입한다. [도표 10-3] 예정표와 [도표 10-4]의 주간계획표는 기억을 되살아나게 하기 위한 것으로서 많은 날짜, 즉 개시일, 도래일 등을 기억하지 않아도 된다. 이런 것을 보고 있으면 매월, 매주, 매일, '그날'이 되면 자동적으로 기억이 되살아나게 된다.

[도표 10-2] 연간계획표

계 획 표

프로젝트	보고자	1월	2월	3월	4월	5월	6월
		7월	8월	9월	10월	11월	12월

비고

[도표 10-3] 예정표

예 정 표

20_____   월_____

일요일	월요일	화요일	수요일	목요일	금요일	토요일

[도표 10-4] 주간계획표

주간 계획표

주일_____

월요일	화요일	수요일	목요일	금요일

⑥ 주간계획표 다음에는 일간계획표를 넣어 두면 된다. 이것에 관해서는 제2장 및 [도표 2-3]을 참고한다.

⑦ 일간계획표 다음에는 [도표 10-5]와 같은 타임 · 모니터표를 넣어둔다. 좌측 난(예정)은 일간계획표에서 옮겨 적는다. 하루의 시간이 경과함에 따라 우측 난(실시)을 기입해 간다. 이렇게 함으로써 업무가 어느 정도 예정대로 진행이 됐는지를 기록에서 알 수 있게 된다.

⑧ 타임 · 모니터표 다음에는 [도표 10-6]과 같은 사무작업 개요서를 넣는다. 이것은 일간계획표에서 옮겨 기입하며 일이 끝날 때마다 우측 난에 기입한다.

⑨ 다음에는 [도표 10-7]과 같은 1년 후의 계획표를 넣는다. 이

것은 1년 후의 계획을 생각하기 위해 사용한다. 이것은 [도표 10-2]의 계획표, [도표 10-3]의 예정표, [도표 10-4]의 주간 계획표를 완성하기 위하여 여러가지 예정을 생각해 내기 위한 것이다.

[도표 10-5] 타임 · 모니터표

타임 · 모니터

날짜

	예 정	실 시
7 : 00		
7 : 30		
8 : 00		
8 : 30		
9 : 00		
9 : 30		
10 : 00		
10 : 30		
11 : 00		
11 : 30		
12 : 00		
12 : 30		
1 : 00		
1 : 30		
2 : 00		
2 : 30		
3 : 00		
3 : 30		
4 : 00		
4 : 30		
5 : 00		
5 : 30		
6 : 00		
6 : 30		

비고

제10장 시간을 낭비하는 숨은 함정 |

[도표 10-6] 사무작업개요서

사무작업개요서

날짜 _____

사무작업의 내용	실시예정일	조 치

[도표 10-7] 일년 후 계획표

일년 후 계획과 어포인트먼트

1월	2월	3월
4월	5월	6월
7월	8월	9월
10월	11월	12월

[도표 10-8] 자기 점검표

자기 점검

과거 3개월 자기 자신에 관해 무엇을 깨달았는가?	추구하는 것은 무엇인가?	자신은 그렇게 하기 위해 무엇을 해야 되는가?

⑩ 다음에는 [도표 10-8]과 같이 자기점검표를 넣는다. 이것은 가볍게 보아 넘겨서는 안 될 표로서 시간을 유효하게 활용하기 위한 키(열쇠)가 되는 것이다. 자기의 시간관리에 있어 문제점이 무엇인지 알지 못한다면 몇 번이고 같은 과오를 되풀이하게 되며, 그 잘못을 알지도 못하게 될 것이다.

⑪ [도표 10-9]는 장래표로서 자기 자신에 관한 구체적인 문제이다. 이 표의 질문에 충분하게 그리고 구체적으로 답하라.

⑫ [도표 10-10]은 더 높은 책임 있는 일을 감당하기 위해서 자기 자신의 성장을 위한 계획 및 현재의 책임을 다짐하기 위한 것이다.

[도표 10-9] 장래표

장 래

① 장래 자신이 지금과 달리 시간을 효과적으로 활용하는 방법.

② 업무상 보다 더 사용하고 싶은 자신의 장점 하나.

③ 일을 더욱 생산적으로 하기 위해 사용하는 분류 시스템은
몇 개인가?

④ 자신을 위해 사용하는 시간.

때

장소

기간

코멘트

자신의 장래 계획

(예)상사가 현재 담당하고 있는 일, 혹은 내년에 담당할지도 모르는 일에 대해 면접한다. 5개 종류의 책임에 대해 설명이 있었으며, 이것에 대해 잘 생각하도록 지시받고 각오를 다짐했다.

① 정형적인 혹은 매일 져야하는 책임사항이란 무엇인가? 상사는 그 책임을 어떻게 수행하고 있는가를 관찰하고, 사소한 일보다 중요한 일에 노력을 집중한다.

② 일에서 직면하는 문제는 무엇인가? 장래 직면할 문제 해결을 위해 어떤 계획이 있는가? 이것을 2~3개 열거한다.

③ 자기의 직장 또는 부서에서 실시할 것을 제안할 수 있는 개혁안, 변경 · 개선점을 하나 든다.
자기에게 :
상사에게 :

④ 자기의 지식, 숙련도, 경험을 쌓아올릴 필요가 있는 분야는 무엇인가? 그 분야에서 자기 육성계획의 개요를 열거한다.

⑤ 사기 육성계획의 목표 달성에 대해 상사의 어떤 원조가 필요한가?

⑬ 이 밖에도 자기의 책임을 잘 처리하기 위한 시간관리용 서식 (書式)을 넣어 두는 것도 좋다. 예를 들면, 시간이나 일의 기록에 관해서는 [도표 9-2], 포지션 조사에 관해서는 [도표 9-3], 스태프 조사에서는 [도표 9-4], 경향에 관해서는 [도표 9-6], 타임·라인에 대해서는 [도표 9-7] 등이 있다.

이와 같이 3개월간 시간에 관한 기록을 해놓고 보면, 자기가 경영간부로서 어떻게 시간관리를 하고 있는지 알게 된다. 1일 1회, 3개월에 1회 이 시간기록표를 작성해 활용하면 매일의 일과와 같이 자연스러운 일부가 될 것이다. 또한 시간 사용법을 정기적으로 점검하게 되면 시간을 낭비하는 나쁜 습관에 빠지지 않게 되어 자기 자신에 투자하게 되는 시간이 그만큼 많아지게 된다.